Kerstin Kipker & Janko Zannos (Hrsg.)
Morgen, Kinder,
kommt das Christkind

Geschichten, Gedichte und Lieder
für die schönste Zeit des Jahres

Kerstin Kipker & Janko Zannos (Hrsg.)

Morgen, Kinder, kommt das Christkind

Geschichten, Gedichte und Lieder
für die schönste Zeit des Jahres

Mit Bildern
von Anne Ebert

Dieser Sammelband enthält die Einzeltitel

»Lichterglanz in allen Herzen –
Die schönsten Weihnachtsgeschichten«
Herausgegeben von Kerstin Kipker
© 1998 by Arena Verlag GmbH

»Von drauß', vom Walde komm ich her –
Die schönsten Weihnachtsgedichte«
Herausgegeben von Kerstin Kipker
© 1997 by Arena Verlag GmbH

»Ihr Kinderlein kommet –
Die schönsten Weihnachtslieder«
Herausgegeben von Janko Zannos
© 1996 by Arena Verlag GmbH

1. Auflage 2001
Für diese Ausgabe:
© 2001 by Arena Verlag GmbH, Würzburg
Alle Rechte vorbehalten
Quellenhinweise am Schluss des Buches
Einband und Illustrationen: Anne Ebert
Herausgegeben von Kerstin Kipker und Janko Zannos
Gesamtherstellung: Westermann Druck Zwickau GmbH
ISBN 3-401-05274-8

Inhalt

Die schönsten Weihnachtsgeschichten

Es schneit, hurra, es schneit – Wintergedichte

Holler, boller, Rumpelsack – Nikolausgedichte

Denkt euch – ich habe das Christkind gesehn! – Gedichte zur Advents- und Weihnachtszeit

Still, still, still, weil's Kindlein schlafen will – Gedichte über die Heilige Nacht

Vom Wunderstern von dazumal – Dreikönigsgedichte

Die schönsten Weihnachtslieder

Otfried Preußler
Die Krone des Mohrenkönigs

Damals, an jenen Tagen und Nächten, als die Dreikönige aus dem Morgenland unterwegs waren, um nach dem Jesusknaben zu suchen und ihm mit Myrrhen, Weihrauch und Gold ihre Huldigung darzubringen, sind sie, so ist uns als Kindern erzählt worden, auch in die Gegend gekommen, wo ich in früheren Jahren zu Hause gewesen bin: also ins Böhmische, über die schlesische Grenze herein, durch die großen, verschneiten Wälder. Das mag man, vergegenwärtigt man sich die Landkarte, einigermaßen befremdlich, ja abwegig finden; indessen bleibt zu erinnern, dass die Dreikönige, wie geschrieben steht, nicht der Landkarte und dem Kompass gefolgt sind auf ihrer Reise, sondern dem Stern von Bethlehem und dem wird man es schwerlich verübeln können, wenn er sie seine eigenen Wege geführt hat.

Jedenfalls kamen sie eines frostklaren Wintermorgens über die Hänge des Buchbergs gewandert und waren da: Nur sie drei allein, wie man uns berichtet hat, ohne Tross und Dienerschaft, ohne Reitpferde und Kamele (die hatten sie wohl zurücklassen müssen, der Kälte wegen und weil sie im tiefen Schnee kaum weitergekommen wären, die armen Tiere). Sie selbst aber, die Dreikönige aus dem Morgenland, seien ganz und gar unköniglich gewandet gewesen: In dicken, wattierten

Kutschermänteln kamen sie angestapft, Pelzmützen auf dem Kopf und jeder mit einem Reisebündel versehen, worin er nebst einiger Wäsche zum Wechseln und den Geschenken, die für den Jesusknaben bestimmt waren, seine goldene Krone mitführte: Weil man ja, wenn man von weitem schon an der Krone als König kenntlich ist, bei den Leuten bloß Neugier erregt und Aufsehen, und das war nicht gerade nach ihrem Geschmack.

»Kalt ist es!«, sagte der Mohrenkönig und rieb sich mit beiden Händen die Ohren. »Die Sterne am Himmel sind längst verblasst – wir sollten uns, finde ich, für den Tag eine Bleibe suchen.«

»Recht hast du, Bruder Balthasar«, pflichtete König Kaspar ihm bei, sich die Eiszapfen aus dem weißen Bart schüttelnd. »Seht ihr das Dorf dort? Versuchen wir's gleich an der ersten Haustür und klopfen wir an!«

König Melchior als der Jüngste und Kräftigste watete seinen Gefährten voran durch den knietiefen Schnee auf das Haus zu, das ihnen am nächsten war.

Dieses Haus aber, wie es der Zufall wollte, gehörte dem Birnbaum-Plischke; und Birnbaum-Plischke, das darf nicht verschwiegen werden, stand bei den Leuten im Dorf nicht gerade im besten Ruf, weil er habgierig war und ein großer Geizkragen – und aufs Geld aus, herrje, dass er seine eigene Großmutter, wenn sie noch lebte, für ein paar Kreuzer an die Zigeuner verkauft hätte, wie man so sagt.

Nun klopfte es also an seiner Haustür und draußen standen die Könige aus dem Morgenland, aber in Kutschermänteln, mit Pelzmützen auf dem Kopf, und baten den Birnbaum-Plischke um Herberge bis zum Abend.

Zuerst hat der Plischke sie kurzerhand wegschicken wollen, weil nämlich: Mit Bettelleuten mochte er nichts zu tun haben, knurrte er. Aber da hat ihm der König Melchior einen Silbertaler unter die Nase gehalten, um ihm zu zeigen, dass sie die Herberge nicht umsonst begehrten – und Plischke den Taler sehen, die Augen aufreißen und die Haustür dazu: Das war alles eins.

»Belieben die Herren nur einzutreten!«, hat er gesagt und dabei nach dem Taler gegrapscht und dann hat er gekatzbuckelt, dass er sich bald das Kreuz verrenkt hätte. »Wenn die Herren so gut sind und möchten mit meiner bescheidenen Stube vorlieb nehmen, soll's ihnen an nichts fehlen!« Seit er den Taler bekommen hatte, war Birnbaum-Plischke wie ausgewechselt. Vielleicht, hat er sich gesagt, sind die Fremden reisende Kaufherren – oder verkleidete polnische Edelleute, die mitsamt ihrem Leibmohren unerkannt über die Grenze wollten; jedenfalls sind sie was Besseres, weil sie Geld haben, und zwar viel, wie es scheint: Denn wer zahlt schon für ein paar Stunden am warmen Ofen mit einem vollen Taler? Da kann, wenn du Glück hast, Plischke, und es den Herren recht machst, leicht noch ein zweiter herausspringen. Solches bedenkend, führt Birnbaum-Plischke die Könige in

die gute Stube und hilft ihnen aus den Mänteln; dann ruft er sein Weib, die Rosina, herzu und sagt ihr, sie soll eine Biersuppe für die Herren kochen, aber geschwind, geschwind, und dass sie ihm ja nicht an Zucker und Zimt spart, die Nelken auch nicht vergisst und zum Schluss ein paar Löffel Branntwein darantut!

Die Plischken erkennt ihren Alten kaum wieder. Was ist denn in den gefahren? Er aber scheucht sie zur Tür hinaus, in die Küche, und poltert, dass sie sich sputen soll, denn die Herren sind hungrig und durchgefroren und brauchen was Heißes zum Aufwärmen und da ist eine Biersuppe akkurat richtig für sie, die wird ihnen gut tun. Er selbst eilt hernach in den Holzschuppen, schleppt einen Korb voll Buchenscheiten herbei und dann schürt er im Kachelofen ein mächtiges Feuer an, dass es nur so prasselt.

Den Königen ist es nicht entgangen, wie gründlich sich Birnbaum-Plischkes Verhalten geändert hat, und es ist ihnen nicht ganz wohl dabei, denn sie können den Blick nicht vergessen, mit dem er sich auf den Taler gestürzt hat.

»Kann sein«, sagt der König Melchior, während Plischke noch einmal um Holz hinausläuft, »kann sein, dass es besser ist, wenn wir ein Häusel weiter gehen: Der Mann da gefällt mir nicht.«

König Kaspar ist einer Meinung mit ihm. Doch der Mohrenkönig erwidert: »Bedenkt, liebe Brüder, dass wir in Gottes Hand stehen! Wenn es sein Wille ist, dass wir das Kindlein

finden, um dessentwillen wir seinem Stern hinterdreinwan-
dern Nacht für Nacht: dann wird er auch dafür sorgen, dass
uns unterwegs kein Leid geschieht – weder hier, unterm Dach
dieses Menschen, der voller Geldgier und Falsch ist, noch
anderswo.« Das sehen die Könige Kaspar und Melchior ein
und sie schämen sich ihres Kleinmuts und sagen zum König
Balthasar: »Recht hast du, Bruder Mohrenkönig! Wir wollen
uns Gott befehlen und bis zum Abend hier bleiben, wo wir
nun einmal sind.«

Bald danach tischte Plischkens Rosina ihnen die Biersuppe
auf und das heiße Gebräu, das nach Zimt und nach Nelken
duftete, und ein wenig nach Branntwein obendrein, tat den
Königen wohl, auf die kalte Nacht hin; so wohl, dass der
Mohrenkönig die alte Plischken um das Rezept bat und es
sich aufschrieb und ihr dafür einen Taler verehrte, obgleich,
wie er meinte, ein solches Rezept nicht mit Geld zu bezahlen
sei.

Was aber eine richtige Biersuppe ist, noch dazu, wenn die
Köchin nicht mit Branntwein gespart hat: die macht, wie
man weiß, nicht nur warm, die macht auch schläfrig. Den
Königen aus dem Morgenland kam das gerade recht, sie
hätten sich ohnehin ein paar Stunden aufs Ohr gelegt, wie
sie das allerorten zu tun pflegten, wo sie Tagrast hielten.
Sie waren dabei, was ihr Lager anging, nicht wählerisch.
Schon wollten sie auf dem hölzernen Fußboden ihre Mäntel ausbreiten, um sich darauf zu legen, in Hemd und Ho-

sen, das Reisebündel unter dem Kopf und die Jacke, so weit sie reichte, als Zudecke über den Leib – da kommt Birnbaum-Plischke hinzu, schlägt die Hände über dem Kopf zusammen und sagt, dass er das nicht zulässt, dass sich die Herren Reisenden auf den Fußboden legen. Das könnten sie ihm nicht antun, da müsst er sich ja sein Lebtag in Grund und Boden schämen: Kurzum, er besteht darauf, dass die drei ihm hinauffolgen in die Schlafkammer, wo die Rosina inzwischen schon alles frisch bezogen hat, und dass sie in ihren eigenen, Plischkens, Betten schlafen, denn anders macht er's auf keinen Fall, und das dürften sie ihm nicht abschlagen. Damit eilt er auch schon hinaus und zieht die Tür hinter sich zu.

Die Könige Kaspar und Melchior haben sich staunend angeblickt und den Kopf geschüttelt; aber der Mohrenkönig, der Balthasar, hat ganz einfach sein Reisebündel neben die Tür geworfen und angefangen sich auszuziehen.

»Wie lang ist es her«, rief er lachend, »dass wir in keinen richtigen Betten geschlafen haben? Kommt, worauf wartet ihr, da ist Platz genug für uns!« Die Könige Kaspar und Melchior mussten ihm Recht geben, und nachdem sie den Birnbaum-Plischke noch einmal herbeigerufen und ihm den Auftrag gegeben hatten, er möge sie gegen Abend wecken, sie müssten bei Einbruch der Dunkelheit weiterziehen, legten auch sie ihre Bündel und Kleider ab; und es zeigte sich nun, dass der Mohrenkönig sich nicht ver-

schätzt hatte: Plischkens Ehebett war so breit und geräumig, dass sie zu dritt darin unterkamen, ohne sich gegenseitig im Weg zu sein. Das frische Leinen duftete nach dem Quendelkraut, das die Rosina als gute Hausfrau in ihrer Wäschetruhe nicht missen mochte, das Lager war weich und warm und die Biersuppe tat ein Übriges nach der langen Nacht: Den Königen aus dem Morgenland fielen die Augen zu und es dauerte kaum ein paar Atemzüge, da schliefen sie tief und fest und der Mohrenkönig fing voller Inbrunst zu schnarchen an, als gelte es, einen ganzen Palmenhain kurz und klein zu sägen.

So schliefen sie also und schliefen und merkten nicht, wie sich Birnbaum-Plischke auf leisen Sohlen hereinschlich und sich an ihren Bündeln zu schaffen machte, atemlos und mit flinken Fingern. Denn Plischke ist nicht von gestern; er ahnt, dass die fremden Herren in seiner Kammer von reicher Herkunft sind, und nun will er es ganz genau wissen, was es mit ihren Bündeln auf sich hat. Er durchwühlt sie – und findet die Königskronen!

Da ist es um ihn geschehen. Ohne sich lange zu besinnen, nimmt er die größte und kostbarste der drei goldenen Kronen an sich (dass es die Krone des Mohrenkönigs ist, kann er natürlich nicht wissen, woher denn auch), und nachdem er die Bündel wieder verschnürt hat, eilt er mit seiner Beute hinab in den Ziegenstall, wo er sie unters Stroh schiebt und einen leeren Milcheimer drüberstülpt. Hoffentlich, denkt er,

merken die Fremden nichts davon, wenn sie aufwachen und sich anziehen – hoffentlich ...

Aber die Könige aus dem Morgenland schöpfen keinen Verdacht, wie Plischke sie wecken kommt. Außerdem sind sie in Eile, sie essen nur rasch noch ein paar Löffel Hafergrütze, dann ziehen sie ihre Mäntel an, schlagen die Krägen hoch, geben Plischkens zum Abschied zwei Taler, bedanken sich für das gute Quartier und das Essen und ziehen ahnungslos ihres Weges.

Die Sterne funkeln über den Wäldern, der Schnee knirscht bei jedem Schritt und Birnbaum-Plischke steht unter der Tür seines Hauses und blickt den Dreikönigen nach, bis sie endlich zum Dorf hinaus und verschwunden sind.

Nun hält es ihn nicht mehr länger, er rennt in den Ziegenstall, stößt den Melkeimer mit dem Fuß weg und zieht unterm Stroh die goldene, mit Juwelen besetzte Krone hervor. Er läuft damit in die Küche, wo die Rosina gerade dabei ist, die Teller und Löffel zu spülen; und wie sie die Krone in seinen Pratzen funkeln und blitzen sieht, da erschrickt sie und wendet sich von ihm ab. »Plischke!«, ruft sie. »Was soll das, um Himmels willen, was hast du da?« Plischke erklärt ihr des Langen und Breiten, woher er die Krone hat; und er will sie, so sagt er ihr, einem Goldschmied verkaufen, drüben in Bunzlau oder herüben in Reichenberg – je nachdem, wo ihm mehr geboten wird. Sie aber, die Rosina, will das nicht hören, sie fällt ihm

ins Wort und beginnt zu keifen. »Plischke!«, zetert sie. »Bist du um allen Verstand gekommen? Die Fremden werden dich an den Galgen bringen, wenn sie herauskriegen, was du getan hast!«

»Nu, nu«, beschwichtigt sie Plischke, »die haben ja keinen Beweis gegen mich, die können die Krone ja sonst wo verloren haben – da mach dir nur keine Sorgen, Alte, das hab ich mir alles genau zurechtgelegt.«

Und dann sticht ihn der Hafer, da nimmt er die Krone des Mohrenkönigs in beide Hände und setzt sie sich auf den Schädel, zum Spaß nur, aus schierem Übermut – und, oh Wunder, sie passt ihm wie angegossen, als sei sie für ihn geschmiedet. »Sieh her!«, ruft er der Rosina zu und tanzt damit in der Küche herum. »Wie gefall ich dir mit dem Ding?«

Die Plischken, kaum dass sie ihn flüchtig betrachtet hat, fängt zu lachen an. »Aber nein doch!«, prustet sie. »Lass den Unsinn, Alter, und wasch dir den Ruß vom Gesicht, du siehst ja zum Fürchten aus!«

»Welchen Ruß denn?«, fragt Birnbaum-Plischke und schaut in den Spiegel neben dem Küchenschrank; und da sieht er, dass seine Stirn und die Wangen schwarz sind, die Nase, das Kinn und die Ohren ebenso – schwarz, wie mit Schuhwichse voll geschmiert. »Sonderbar«, meint er, »das muss von der Lampe kommen oder vom Ofenschüren . . . Schaff Wasser her, Alte, und Seife, damit ich das wieder runterbringe!«

Dann setzt er die Krone ab, zieht das Hemd aus und wäscht sich; er schrubbt das Gesicht mit der Wurzelbürste und heißem Wasser, mit Soda und Seifenlauge. Es ist wie verhext mit der schwarzen Farbe, sie lässt sich nicht wegrumpeln, auch mit Waschsand nicht, eher scheuert er sich die Haut durch.

Da dämmert es Plischken, dass er zu einem Mohren geworden ist; und die Rosina merkt auch, dass die Farbe echt ist und nie mehr abgehen wird.

»Ogottogott!«, schluchzt sie. »Was werden die Leute bloß sagen, wenn du mit deiner schwarzen Visage ins Dorf kommst! Die werden sich schief und krumm lachen, wenn sie dich sehen! Und glaub mir, die Kinder werden dir nachlaufen, wo du auftauchst, und schreien: ›Der Mohr kommt, der Mohrenplischke!‹ Und alles nur, weil du die Krone gestohlen hast!«

»Was denn?«, meint Plischke betroffen. »Was soll denn die Krone damit zu tun haben, dass ich schwarz bin?«

»Da fragst du noch?«, fährt die Alte ihn an. »Ich sage dir: Weil du die Krone gestohlen hast, bist du zur Strafe ein Mohr geworden – das ist doch so klar wie nur irgendwas auf der Welt! Und ein Mohr wirst du bleiben in alle Ewigkeit, wenn du sie nicht zurückgibst!«

»Die Krone?«, ruft Plischke. »Die Krone soll ich zurückgeben? Überleg dir mal, was du da redest, Alte!«

»Da gibt's nichts zu überlegen«, sagt die Rosina, »begriff das

doch! Zieh dir die Stiefel an, Plischke, und lauf, was du kannst, damit du die Herren einholst und die Geschichte ins Reine bringst!«

Plischke, nach einigem Wenn und Aber, sieht ein, dass ihm keine Wahl bleibt: Die Alte hat Recht. Also her mit den Stiefeln, den Mantel an und die Mütze auf! Und die Krone!

»Wir schlagen sie in ein Tuch ein«, sagt die Rosina. Das tut sie auch und danach schiebt sie den Birnbaum-Plischke zur Tür hinaus in die Kälte. »Lauf zu!«, ruft sie hinter ihm drein. »Lauf zu und verlier die Spur nicht!«

Der Mond scheint, es ist eine helle Nacht und die Spur, die die Könige hinterlassen haben, ist leicht zu finden; sie führt über Berg und Tal, durch die Wälder und über Blößen, immer geradeaus, wie mit dem Lineal gezogen. Plischke, was-hast-du-was-kannst-du, folgt ihr, so schnell ihn die Füße tragen – und endlich, schon tief im Böhmischen ist es, die Sterne am Himmel verblassen bereits und hinter den Bergen zeigt sich der Morgen an: Endlich erblickt er die drei vor sich, einen Hügel emporsteigend. »Heda!«, schreit er und »Hallo!« und »Wartet doch, wartet doch! Ich bin's, ich hab was für euch!«

Da bleiben die Könige stehen und wenden sich nach ihm um und der Birnbaum-Plischke nimmt seine letzte Kraft zusammen und rennt auf sie zu mit den Worten: »Ihr habt was vergessen bei uns in der Schlafkammer – das da ... Ich hab es gefunden und bin euch nachgerannt: Hier!« Damit schlägt

er das Tuch auseinander und hält ihnen die gestohlene Krone hin. »Die gehört euch doch – oder?«

Der Mohrenkönig erkennt sie sogleich und er freut sich darüber, dass Plischke sie ihm gebracht hat. »Hab Dank, guter Mann«, sagt er. »Weit hast du laufen müssen, um sie mir nachzutragen; Gott lohn es dir!«

Birnbaum-Plischke blickt überrascht in das freundliche schwarze Gesicht des Fremden; und plötzlich, er kennt sich kaum wieder, kommt er sich fürchterlich schäbig vor. Etwas würgt ihn im Halse, das muss er loswerden, sonst erstickt er dran.

»Herr«, bringt er mühsam hervor, »sag nie wieder ›guter Mann‹ zu mir! Du musst wissen, dass ich ein Dieb bin – und dass ich die Krone gestohlen habe.«

»Gestohlen?«, staunte der Mohrenkönig. »Und wiedergebracht?«

»Weil mir's Leid tut«, stammelte Plischke, »und weil es nicht recht war. Verzeiht mir, ihr werten Herren, ich bitte euch sehr darum!«

Die Dreikönige aus dem Morgenland blickten sich an und es schien, dass sie einer Meinung waren.

»Wenn es dir Leid tut«, sagt der Mohrenkönig, »dann sei dir verziehen, Alter, und alles hat seine Ordnung. – Aber was hast du denn?«

»Ach«, druckste Plischke herum, denn mit einem Mal war es ihm wieder eingefallen, »es ist bloß . . . Ich möchte sagen . . .

Mir ist da ein dummes Ding passiert. – Werd ich auch wieder
ein weißes Gesicht haben, wenn ich zurückkomme in mein
Dorf?«

»Dein Gesicht wird weiß sein wie eh und je«, versprach ihm
der Mohrenkönig. »Doch scheint es mir auf die Farbe, die
eines Menschen Gesicht hat, nicht anzukommen. Lass sie von
mir aus schwarz oder gelb oder rot sein wie Kupfer – Hauptsache, dass du kein schwarzes Herz hast! Die Leute freilich,
die sehen das nicht! Aber einer sieht es, der alles sieht: Das
bedenke!«

Dann wandten die Könige sich zum Gehen, und Plischke
allein zurücklassend (mochte er zusehen, wie er mit sich ins
Reine kam), zogen sie ihres Weges.

Brüder Grimm
Die Haselrute

Eines Nachmittags hatte sich das Christkind in sein Wiegenbett gelegt und war eingeschlafen, da trat seine Mutter heran, sah es voll Freude an und sprach: »Hast du dich schlafen gelegt, mein Kind? Schlaf sanft, ich will derweil in den Wald gehen und eine Hand voll Erdbeeren für dich holen; ich weiß wohl, du freust dich darüber, wenn du aufgewacht bist.« Draußen im Wald fand sie einen Platz mit den schönsten Erdbeeren, als sie sich aber herabbückte, um eine zu brechen, so springt aus dem Gras eine Natter in die Höhe. Sie erschrickt, lässt die Beere stehen und eilt hinweg. Die Natter schießt ihr nach, aber die Mutter Gottes, das könnt ihr denken, weiß guten Rat, sie versteckt sich hinter einer Haselstaude und bleibt da stehen, bis die Natter sich wieder verkrochen hat. Sie sammelt dann die Beeren, und als sie sich auf den Heimweg macht, spricht sie: »Wie die Haselstaude diesmal mein Schutz gewesen ist, so soll sie es auch in Zukunft andern Menschen sein.« Darum ist seit den ältesten Zeiten ein grüner Haselzweig gegen Nattern, Schlangen und was sonst auf der Erde kriecht der sicherste Schutz.

James Krüss

Ladislaus und Annabella

In der Ecke eines Fensters
Unten rechts im Warenhaus
Sitzt die Puppe Annabella
Mit dem Bären Ladislaus.

Annabella weint und jammert,
Ladislaus, der grunzt und schnauft:
Weihnachtsabend ist gekommen
Und die zwei sind nicht verkauft.

»Armer Bär!«, seufzt Annabella.
»Arme Puppe!«, schluchzt der Bär.
Tränen kullern in die Ecke.
Und das Herz ist beiden schwer.

In dem leeren Warenhause
Löscht man langsam Licht um Licht.
Nur in diesem einen Fenster,
Da verlöscht die Lampe nicht.

Voller Mitleid mit den beiden
Lässt der brave alte Mann
Von der Wach- und Schließgesellschaft
Diese letzte Lampe an.

Dann verlässt er Annabella
Und den Bären, welcher klagt
Und mit sehr gepresster Stimme
»Lebewohl« und »Servus« sagt.

In der menschenleeren Straße,
Abendstill und schneeverhüllt,
Sind die beiden in dem Fenster
Ein betrüblich Jammerbild.

Traurig vor der großen Scheibe
Fallen Flocken, leicht wie Flaum.
Und im Hause gegenüber
Glänzt so mancher Weihnachtsbaum.

Zehn Uhr schlägt's vom nahen Turme
Und fast schlafen beide schon,
Da ertönt im Puppenhause
Laut das Puppentelefon.

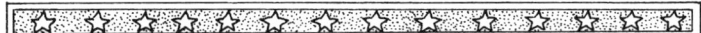

»Hallo«, fragt der Bär verschlafen.
»Hier das Kaufhaus. Wer ruft an?«
Da vernimmt er eine Stimme
Und die brummt: »Der Weihnachtsmann.«

»Oh«, ruft Ladislaus erschrocken.
»Was darf's sein, ich bitte sehr?«
»Eine schöne Puppenstube,
Eine Puppe und ein Bär.«

»Das ist alles noch zu haben!«,
Ruft die Puppe Annabell.
»Kommen Sie zum Warenhause
Unten rechts, doch, bitte, schnell!«

Das ist eine Überraschung.
Ladislaus kämmt schnell den Schopf
Und die Puppe Annabella
Flicht ein Schleifchen in den Zopf.

Und schon zehn Minuten später
kommt ein Schlitten, kommt ein Ross.
Und ein Alter steigt vom Schlitten
Und ein Schlüssel knarrt im Schloss.

Ladislaus, der quiekt und jodelt,
Annabella lacht und singt.
Als der Weihnachtsmann die beiden
In den Pferdeschlitten bringt.

Grad in diesem Augenblicke
Kommt der brave alte Mann
Von der Wach- und Schließgesellschaft
Wieder kontrollierend an.

Höflich grüßt er die Gesellschaft,
Springt zurück ins Warenhaus,
Holt die schöne Puppenstube
Und dann trägt er sie hinaus.

Leise sagt er zu der Puppe:
»Frohes Fest, mein liebes Kind«,
Während eine kleine Träne
In den großen Schnauzbart rinnt.

»Frohes Fest«, sagt Annabella.
»Frohes Fest«, sagt Ladislaus.
Dann wird's dunkel in dem Fenster
Unten rechts im Warenhaus.

Hans Christian Andersen
Das kleine Mädchen
mit den Schwefelhölzern

Es war entsetzlich kalt; es schneite und war beinahe dunkel, der letzte Abend des Jahres. In dieser Kälte und Finsternis ging auf der Straße ein kleines, armes Mädchen mit bloßem Kopfe und nackten Füßen. Als sie das Haus verließ, hatte sie freilich Pantoffeln angehabt; aber was half das? Es waren sehr große Pantoffeln, die ihre Mutter bisher benutzt hatte, so groß waren sie. Die Kleine aber verlor dieselben, als sie über die Straße weghuschte, weil zwei Wagen schrecklich schnell vorüberrollten. Der eine Pantoffel war nicht wieder zu finden, den andern hatte ein Junge erwischt und lief damit fort. Da ging nun das kleine Mädchen mit nackten Füßen, die rot und blau vor Kälte waren. In einer roten Schürze trug sie eine Menge Schwefelhölzchen und ein Bund davon in der Hand. Niemand hatte ihr den ganzen langen Tag etwas abgekauft, niemand ihr einen Pfennig geschenkt.

Zitternd vor Kälte und Hunger, schlich sie einher, ein Bild des Jammers, die arme Kleine!

Die Schneeflocken bedeckten ihr langes, blondes Haar, welches in schönen Locken um den Hals fiel; aber daran dachte sie nun freilich nicht. Aus allen Fenstern glänzten die Lichter und es roch herrlich nach Gänsebraten: Es war ja Silvesterabend. Ja, daran dachte sie!

In einem Winkel, von zwei Häusern gebildet, von denen das eine etwas mehr vorsprang als das andere, setzte sie sich hin und kauerte sich zusammen. Die kleinen Füße hatte sie an sich gezogen; aber es fror sie noch mehr und nach Hause zu gehen wagte sie nicht; sie hatte ja keine Schwefelhölzchen verkauft und brachte keinen Pfennig Geld mit. Von ihrem Vater würde sie gewiss Schläge bekommen und zu Hause war es auch kalt; über sich hatten sie nur das Dach, durch welches der Wind pfiff, wenn auch die größten Spalten mit Stroh und Lumpen zugestopft waren.

Ihre kleinen Hände waren beinahe vor Kälte erstarrt. Ach!, ein Schwefelhölzchen konnte ihr gar wohl tun, wenn sie nur ein einziges aus dem Bunde herausziehen, es an die Wand streichen und die Finger erwärmen dürfte. Sie zog eins heraus. Rrscht!, wie sprühte, wie brannte es! Es war eine warme, helle Flamme, wie ein Lichtchen, als sie die Hände darüber hielt; es war ein wunderbares Lichtchen! Es schien wirklich dem kleinen Mädchen, als säße sie vor einem großen, eisernen Ofen mit polierten Messingfüßen und einem messingenen Aufsatze. Wie brannte das Feuer darin, wie wohl tuend wärmte es! Die Kleine streckte schon die Füße aus, um auch

diese zu wärmen: – Doch – da erlosch das Flämmchen, der Ofen verschwand, sie hatte nur die kleinen Überreste des abgebrannten Schwefelhölzchens in der Hand.

Ein zweites wurde an der Wand abgestrichen; es leuchtete, und wo der Schein auf die Mauer fiel, wurde diese durchsichtig wie ein Schleier: Sie konnte in das Zimmer hineinsehen. Auf dem Tische war ein weißes Tischtuch ausgebreitet, darauf stand glänzendes Porzellangeschirr und herrlich dampfte die gebratene Gans, mit Äpfeln und getrockneten Pflaumen gefüllt. Und was noch prächtiger anzusehen war, die Gans hüpfte von der Schüssel herunter und wackelte auf dem Fußboden, Messer und Gabel in der Brust, bis zu dem armen Mädchen hin. Da erlosch das Schwefelhölzchen und es blieb nur die dicke, feucht-kalte Mauer zurück. Sie zündete noch ein Hölzchen an. Da saß sie nun unter dem herrlichsten Christbaume; er war noch größer und geputzter als der, den sie durch die Glastür bei dem reichen Kaufmanne gesehen hatte. Tausende von Lichtern brannten auf den grünen Zweigen und bunte Bilder, wie sie an Schaufenstern zu sehen waren, blickten auf sie herab. Die Kleine streckte ihre Hände danach aus: Da erlosch das Schwefelhölzchen. Die Weihnachtslichter stiegen höher; sie sah sie jetzt als Sterne am Himmel; einer davon fiel herunter und bildete einen langen Feuerstreifen.

Jetzt stirbt jemand, dachte das kleine Mädchen, denn ihre alte Großmutter, die einzige, die sie lieb gehabt hatte, und die jetzt

gestorben war, hatte ihr erzählt, dass, wenn ein Stern herunterfällt, eine Seele zu Gott emporsteigt.

Sie strich wieder ein Hölzchen an der Mauer ab, es wurde wieder hell und in dem Gange stand die alte Großmutter, klar und schimmernd, gar mild und liebevoll.

»Großmutter!«, rief die Kleine. »Oh, nimm mich mit! Ich weiß du entfernst dich, wenn das Schwefelhölzchen erlischt; du verschwindest wie der warme Ofen, wie der herrliche Gänsebraten und der große, prächtige Weihnachtsbaum!« Und sie strich schnell das ganze Bund Schwefelhölzchen ab, denn sie wollte die Großmutter recht fest halten. – Und die Schwefelhölzchen leuchteten mit einem solchen Glanze, dass es heller wurde als mitten am Tage; die Großmutter war früher nie so schön, so groß gewesen; sie nahm das kleine Mädchen auf ihre Arme und beide flogen in Glanz und Freude hoch über die Erde, unendlich hoch; und dort oben war weder Kälte noch Hunger, noch Angst – sie waren beim lieben Gott.

Aber im Winkel an die Mauer gelehnt, saß in der kalten Morgenstunde das arme Mädchen mit roten Backen und mit lächelndem Munde – erfroren an des alten Jahres letztem Abend. Die Neujahrssonne ging auf über der kleinen Leiche. Starr saß dort das Kind mit den Schwefelhölzchen, von denen ein Bund abgebrannt war. »Sie hat sich erwärmen wollen«, sagte man. Niemand ahnte, was sie Schönes gesehen hatte, in welchem Glanze sie mit der Großmutter zur Neujahrsfreude eingegangen war.

Karl Heinrich Waggerl
Worüber das Christkind lächeln musste

Als Josef mit Maria von Nazareth her unterwegs war, um in
Bethlehem anzugeben, dass er von David abstamme, was die
Obrigkeit so gut wie unsereins hätte wissen können, weil es
ja längst geschrieben stand – um jene Zeit also kam der Engel
Gabriel heimlich noch einmal vom Himmel herab, um im
Stalle nach dem Rechten zu sehen. Es war ja sogar für einen
Erzengel in seiner Erleuchtung schwer zu begreifen, warum
es nun der allererbärmlichste Stall sein musste, in dem der
Herr zur Welt kommen sollte, und seine Wiege nichts weiter
als eine Futterkrippe. Aber Gabriel wollte wenigstens noch
den Winden gebieten, dass sie nicht gar zu grob durch die
Ritzen pfiffen, und die Wolken am Himmel sollten nicht
gleich wieder in Rührung zerfließen und das Kind mit ihren
Tränen überschütten, und was das Licht in der Laterne betraf, so musste man ihm noch einmal einschärfen nur be-
scheiden zu leuchten und nicht etwa zu blenden und zu
glänzen wie der Weihnachtsstern.

Der Erzengel stöberte auch alles kleine Getier aus dem Stall, die
Ameisen und Spinnen und die Mäuse, es war nicht auszuden-

ken, was geschehen konnte, wenn sich die Mutter Maria vielleicht vorzeitig über eine Maus entsetzte! Nur Esel und Ochs durften bleiben, der Esel, weil man ihn später ohnehin für die Flucht nach Ägypten zur Hand haben musste, und der Ochs, weil er so riesengroß und so faul war, dass ihn alle Heerscharen des Himmels nicht hätten von der Stelle bringen können.

Zuletzt verteilte Gabriel noch eine Schar Engelchen im Stall herum auf den Dachsparren, es waren solche von der feinen Art, die fast nur aus Kopf und Flügeln bestehen. Sie sollten ja auch bloß still sitzen und Acht haben und sogleich Bescheid geben, wenn dem Kinde in seiner nackten Armut etwas Böses drohte. Noch ein Blick in die Runde, dann hob der Mächtige seine Schwingen und rauschte davon.

Gut so. Aber nicht ganz gut, denn es saß noch ein Floh auf dem Boden der Krippe in der Streu und schlief. Dieses winzige Scheusal war dem Engel Gabriel entgangen, versteht sich, wann hatte auch ein Erzengel je mit Flöhen zu tun!

Als nun das Wunder geschehen war und das Kind lag leibhaftig auf dem Stroh, so voller Liebreiz und so rührend arm, da hielten es die Engel unterm Dach nicht mehr aus vor Entzücken, sie umschwirrten die Krippe wie ein Flug Tauben. Etliche fächelten dem Knaben balsamische Düfte zu und die anderen zupften und zogen das Stroh zurecht, damit ihn ja kein Hälmchen drücken oder zwicken möchte.

Bei diesem Geraschel erwachte aber der Floh in der Streu. Es wurde ihm gleich himmelangst, weil er dachte, es sei jemand

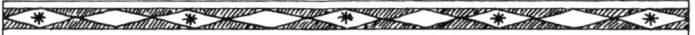

hinter ihm her, wie gewöhnlich. Er fuhr in der Krippe herum und versuchte alle seine Künste und schließlich, in der äußersten Not, schlüpfte er dem göttlichen Kinde ins Ohr.

»Vergib mir!«, flüsterte der atemlose Floh. »Aber ich kann nicht anders, sie bringen mich um, wenn sie mich erwischen. Ich verschwinde gleich wieder, göttliche Gnaden, lass mich nur sehen, wie!«

Er äugte also umher und hatte auch gleich seinen Plan. »Höre zu«, sagte er, »wenn ich alle Kraft zusammennehme und wenn du stille hältst, dann könnte ich vielleicht die Glatze des heiligen Josef erreichen und von dort weg kriege ich das Fensterkreuz und die Tür . . .«

»Spring nur!«, sagte das Jesuskind unhörbar. »Ich halte still!«

Und da sprang der Floh. Aber es ließ sich nicht vermeiden, dass er das Kind ein wenig kitzelte, als er sich zurechtrückte und die Beine unter den Bauch zog.

In diesem Augenblick rüttelte die Mutter Gottes ihren Gemahl aus dem Schlaf.

»Ach, sieh doch!«, sagte Maria selig. »Es lächelt schon!«

Paul Maar

Weihnachtsüberraschungen

Wenn ich versuche zurückzudenken, dann gibt es nicht viele Weihnachtsabende, an die ich mich noch genau erinnern kann. Die Erinnerungen verwischen und vermischen sich mit der Zeit, weil sie sich zu sehr ähneln. Der Ablauf des Weihnachtsabends blieb immer gleich, das Einzige, was wechselte, waren die Weihnachtsgeschenke.

Ein paar Weihnachtsfeste blieben mir allerdings in Erinnerung. Das waren die besonders traurigen (während der Kriegszeit, wenn ich mit meiner weinenden Mutter, etwas betreten, neben dem Christbaum saß) oder die besonders lustigen.

Aber das aufregendste Weihnachtsfest war zweifellos das, als Vater den Christbaum aus dem Fenster warf.

Die ganze Verwirrung damals kam wahrscheinlich zu Stande, weil sich meine große Schwester eine Weihnachtsüberraschung ausgedacht hatte, von der zwar ich etwas wusste, nicht aber der Rest der Familie. Und weil sich mein Vater gleichzeitig eine Weihnachtsüberraschung hatte einfallen lassen, von der der Rest der Familie wusste, nicht aber meine große Schwester und ich.

Unsere Weihnachtsüberraschung, also die von meiner Schwester und mir, war Joschi.

Vaters Weihnachtsüberraschung war Tante Rosi.

Joschi war ein japanischer Student, den meine Schwester in München auf der Universität kennen gelernt hatte. Während des Sommers war er drei Tage bei uns zu Besuch gewesen. Die ganze Familie hatte ihn auf Anhieb gern; obwohl es schwierig war, sich mit ihm zu unterhalten. Er sprach nämlich kaum ein Wort Deutsch. Mit meiner Schwester unterhielt er sich englisch, aber Englisch konnten meine Eltern nicht und meine Schwester war es nach ein paar Stunden leid, alles, was sie oder Joschi sagten, zu übersetzen.

Tante Rosi war meine Großtante. Sie kam ab und zu bei uns vorbei und ich empfing sie jedes Mal mit gemischten Gefühlen. Auf die Tante freute ich mich schon, denn sie war nett und wusste, dass eine Großtante ihrem Großneffen immer etwas mitzubringen hatte. Leider brachte sie auch immer Mucki mit. Das war ihr Hund, ein dicker, überfütterter Pudel, der Kinder nicht leiden konnte, jedes Mal knurrte, wenn ich in seine Nähe kam, und mich mehr als einmal fast gebissen hätte. Sie musste Mucki überall mit hinnehmen, weil sie allein lebte und niemand sonst auf Mucki aufgepasst hätte.

Der Weihnachtsüberraschungs-Plan meiner Schwester sah so aus: Sie war am Nachmittag aus München zurückgekommen, hatte Joschi heimlich mitgebracht und es war ihr sogar

gelungen, ihn unbemerkt in mein Zimmer zu schmuggeln. Da war er vor Entdeckung sicher, denn die Eltern durften am Weihnachtsnachmittag das Kinderzimmer nicht betreten, so war es abgemacht, weil dort die Geschenke für sie versteckt waren.

Joschi sollte sich aus meinem Zimmer schleichen und vor der Tür warten, nachdem wir uns alle im Weihnachtszimmer versammelt hatten. Und wenn wir — wie jedes Jahr — anfingen »Stille Nacht« zu singen, sollte er die Tür aufmachen und plötzlich im Weihnachtszimmer stehen.

Meine große Schwester hatte mir einen Indianerkopfschmuck versprochen, wenn ich niemandem etwas von dieser Überraschung erzählte. Sie wusste, dass auf meiner Wunschliste an erster Stelle stand: ein Zauberkasten und ein Indianerkopfschmuck aus Federn.

Was wir beide nicht wussten: Fast gleichzeitig mit Joschi war Tante Rosi mit Mucki gekommen. Wir hatten sie nicht gehört, weil wir so mit Joschi beschäftigt waren.

Der Weihnachtsüberraschungs-Plan meines Vaters sah so aus: Er hatte Tante Rosi gleich ins Weihnachtszimmer geschmuggelt. Dort lagen schon die Geschenke für mich: eine Zauberausrüstung mit Hut, Zauberstab und rotem Umhang und eine Indianerfederkrone, die meine Mutter selbst gemacht hatte. Kurz bevor ich ins Weihnachtszimmer kam, sollte Tante Rosi die Federkrone aufsetzen und sich hinter dem zugezogenen Fenstervorhang verstecken. Meinem Vater

war klar, dass ich meine Zaubersachen gleich ausprobieren würde, vielleicht sogar ein bisschen enttäuscht darüber, dass der Indianerkopfschmuck, den ich mir so gewünscht hatte, doch nicht auf dem Gabentisch lag. Aber nach meinem ersten Zauberspruch würde sich der Vorhang teilen und Tante Rosi erscheinen, als Indianer mit meiner Federkrone.

Endlich war es draußen dunkel geworden, meine Mutter rief nach uns, die Tür zum Weihnachtszimmer wurde geöffnet. Die Kerzen am Christbaum brannten und spiegelten sich in den versilberten Christbaumkugeln. Es roch weihnachtlich.

Zu meiner Überraschung bestanden die Eltern nicht darauf, dass erst einmal Weihnachtslieder gesungen werden müssten, wir durften uns gleich die Geschenke ansehen.

Ich entdeckte sofort die Zaubersachen und stürzte mich darauf.

»Gefallen sie dir?«, fragte meine Mutter.

»Ganz toll!«, rief ich und setzte gleich den spitzen Zauberhut auf, um zu sehen, ob er mir passte.

»Sicher willst du den Zauberstab gleich ausprobieren!«, sagte mein Vater.

»Nein, erst muss ich den Zaubermantel anziehen«, antwortete ich und versuchte mir den Zaubermantel umzulegen. Ich kam mit dem Verschluss nicht zurecht.

Mein Vater stand ungeduldig daneben.

»Ich werde gleich was verschwinden lassen«, sagte ich.

»Verschwinden lassen ist nicht gut«, sagte mein Vater. »Zau-

berer zaubern etwas her. Am besten etwas Großes, etwas Lebendiges. Keinen Gegenstand!«

»Vielleicht einen Elefanten?«

»Der ist zu groß, der passt ja nicht ins Zimmer! Es muss ein Mensch sein!«

»Ein Mensch? Also gut! Ein fremder Mensch?«

Ich dachte an den armen Joschi, der ja immer noch vor der Tür stand, da wir bis jetzt noch keine Weihnachtslieder gesungen hatten.

»Einen Japaner«, rief ich. »Ich werde einen Japaner herzaubern!«

»Japaner!«, wiederholte mein Vater ärgerlich. »Fällt dir nichts Besseres ein? Du hast doch den Lederstrumpf gelesen. Na? Jemand aus einem anderen Volk, von ganz weit her!«

»Du hast wohl etwas gegen Japaner?«, rief meine Schwester empört und wurde ganz aufgeregt.

»Nein, natürlich nicht, das weißt du doch. Aber es dauert wirklich ewig, bis er sich den Indianer herwünscht!«

»Woher soll ich denn wissen, dass es ein Indianer sein soll!«, sagte ich beleidigt und war nahe daran, in Tränen auszubrechen. Ich verstand meinen Vater nicht. Es war doch klar, dass das Ganze ein Spiel war.

Meine Mutter sagte vorwurfsvoll: »Ihr werdet doch am Heiligen Abend keinen Streit anfangen wollen!«

»Du hast Recht«, sagte meine große Schwester. »Wir sollten endlich anfangen zu singen.«

»Nein, noch nicht«, sagte mein Vater aufgebracht. »Du singst doch sonst nie gern Weihnachtslieder. Warum denn ausgerechnet jetzt, wo sich dein Bruder einen Indianer herwünschen will!«

»Also gut«, sagte ich. »Zaubere ich einen.«

»Aber von wo soll er kommen?«, fragte mein Vater.

»Schau dich mal um, am besten wäre es wie über eine Bühne.« Dabei stellte er sich neben den Fenstervorhang.

»Nein, von der Tür«, sagte ich. Denn ich dachte an Joschi, der immer noch draußen stand.

»Nicht durch die Tür!« Mein Vater wurde ärgerlich. »Er muss durchs Fenster kommen.«

»Nein, durch die Tür«, beharrte ich.

»Durchs Fenster!«

»Jetzt lass doch den Paul wünschen«, sagte meine Schwester mit Nachdruck. »Schließlich ist es doch *sein* Zauberstab.«

Ich merkte, dass mein Vater schon wieder nah dran war aufzubrausen. Er bekam schon einen ganz roten Kopf, deswegen sagte ich schnell: »Na schön, soll der Japaner durchs Fenster kommen.«

»Der Indianer, der Indianer!«, verbesserte mein Vater.

Ich nahm meinen Zauberstab in die rechte Hand und zog einen weiten Zauberkreis über den Vorhang. Ehe ich aber dreimal »Abrakadabra« sagen konnte, stürzte mit lautem Bellen Mucki auf mich zu und biss sich in meinem roten Zaubermantel fest. Einen Augenblick später erschien Tante

41

Rosi im Indianerkopfschmuck zwischen den Vorhanghälften, schrie: »Mucki, brav! Mucki, hierher!«, packte Mucki am Halsband und zog, so stark sie nur konnte. Mucki ließ meinen Zaubermantel aus den Zähnen, Tante Rosi stolperte rückwärts gegen den Christbaum, der Baum kippte und fiel um. Im Nu fingen die Zweige an zu brennen. Tante Rosi schrie »Feuer!« und rannte zur Tür, meine Mutter rief »Wasser! Schnell!« und lief ihr nach. Tante Rosi erreichte die Tür als Erste, riss sie auf, schrie »Huh!« oder »Huch!« oder so etwas Ähnliches und blieb wie versteinert stehen. Etwas verlegen kam Joschi ins Zimmer, lächelte erst und schaute dann erschrocken auf den brennenden Christbaum. Meine Mutter sagte entgeistert: »Der Joschi!«, und blieb ebenfalls stehen. Nur mein Vater sagte überhaupt nichts, rannte zum Fenster, riss es auf, packte den brennenden Christbaum und warf ihn mit allen Christbaumkugeln, Strohsternen und vergoldeten Nüssen hinaus in den Schnee.

Später saßen wir dann alle um den Tisch und aßen den Weihnachtssalat aus Kartoffeln, Nüssen und Äpfeln, den es jedes Jahr gab. Joschi strahlte, meine Schwester lachte pausenlos und mein Vater sagte: »Ich glaube, diesen Weihnachtstag werden wir nicht so schnell vergessen!«

Und damit hat er Recht gehabt. Wenn ich mal nach Japan komme, kann ich ja meine Schwester fragen, ob sie sich auch noch daran erinnert.

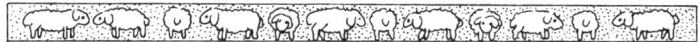

Max Bolliger

Eine Wintergeschichte

Es war einmal ein Mann. Er besaß ein Haus, einen Ochsen, eine Kuh, einen Esel und eine Schafherde.

Der Junge, der die Schafe hütete, besaß einen kleinen Hund, einen Rock aus Wolle, einen Hirtenstab und eine Hirtenlampe.

Auf der Erde lag Schnee. Es war kalt und der Junge fror. Auch der Rock aus Wolle schützte ihn nicht.

»Kann ich mich in deinem Haus wärmen?«, bat der Junge den Mann.

»Ich kann die Wärme nicht teilen. Das Holz ist teuer«, sagte der Mann und ließ den Jungen in der Kälte stehen.

Da sah der Junge einen großen Stern am Himmel. Was ist das für ein Stern?, dachte er. Er nahm seinen Hirtenstab, seine Hirtenlampe und machte sich auf den Weg.

»Ohne den Jungen bleibe ich nicht hier«, sagte der kleine Hund und folgte seinen Spuren.

»Ohne den Hund bleiben wir nicht hier«, sagten die Schafe und folgten seinen Spuren.

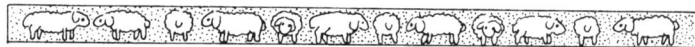

»Ohne die Schafe bleibe ich nicht hier«, sagte der Esel und folgte ihren Spuren.

»Ohne den Esel bleibe ich nicht hier«, sagte die Kuh und folgte seinen Spuren.

»Ohne die Kuh bleibe ich nicht hier«, sagte der Ochse und folgte ihren Spuren.

Es ist auf einmal so still, dachte der Mann, der hinter seinem Ofen saß. Er rief nach dem Jungen, aber er bekam keine Antwort. Er ging in den Stall, aber der Stall war leer. Er schaute in den Hof hinaus, aber die Schafe waren nicht mehr da.

»Der Junge ist geflohen und hat alle meine Tiere gestohlen«, schrie der Mann, als er im Schnee die vielen Spuren entdeckte.

Doch kaum hatte der Mann die Verfolgung aufgenommen, fing es an zu schneien. Es schneite dicke Flocken. Sie deckten die Spuren zu. Dann erhob sich ein Sturm, kroch dem Mann unter die Kleider und biss ihn in die Haut. Bald wusste er nicht mehr, wohin er sich wenden sollte. Der Mann versank immer tiefer im Schnee.

»Ich kann nicht mehr!«, stöhnte er und rief um Hilfe.

Da legte sich der Sturm. Es hörte auf zu schneien und der Mann sah einen großen Stern am Himmel.

Was ist das für ein Stern?, dachte er.

Der Stern stand über einem Stall, mitten auf dem Feld. Durch ein kleines Fenster drang das Licht einer Hirtenlampe. Der

Mann ging darauf zu. Als er die Tür öffnete, fand er alle, die er gesucht hatte, die Schafe, den Esel, die Kuh, den Ochsen, den kleinen Hund und den Jungen. Sie waren um eine Krippe versammelt. In der Krippe lag ein Kind. Es lächelte ihm entgegen, als ob es ihn erwartet hätte.

»Ich bin gerettet«, sagte der Mann und kniete neben dem Jungen vor der Krippe nieder.

Am anderen Morgen kehrten der Mann, der Junge, die Schafe, der Esel, die Kuh, der Ochse und auch der kleine Hund nach Hause zurück. Auf der Erde lag Schnee. Es war kalt.

»Komm ins Haus«, sagte der Mann zu dem Jungen, »ich habe Holz genug. Wir wollen die Wärme teilen.«

Achim Bröger
Hast du schon einen Baum gekauft?

Sonst sammelt der Zug vor allem Schüler ein, die noch schnell Vokabeln lernen. Aber die fehlen heute, denn die Weihnachtsferien haben begonnen. Dafür hocken Männer hinter Zeitungen, andere holen Schlaf nach.

Gellend pfeift der Zug jetzt an einem Bahnübergang in die Dunkelheit. Dann hält er und ich gehe über die Gleisanlagen und an den Büschen vorbei. Und da sitzt der Mann wie immer auf der Bank. »Guten Morgen«, wünsche ich in das helle Gesicht und bleibe stehen. »Wie geht's denn?«

»Geht so«, antwortet er. »Dein Zug ist heute fünf Minuten später gekommen.« Vom ersten Tag an hat er mich geduzt, als wäre ich sein Sohn. »Kalt ist es«, stellt er jetzt fest und reibt die Hände ineinander. »Ob wir Schnee kriegen?« Und dann will er wissen: »Hast du schon einen Baum gekauft?«

»Nein«, antworte ich und möchte weitergehen, weil ich friere. Aber dann frage ich noch: »Was machst du denn an Weihnachten?«

»Nichts, es lohnt sich nicht mehr«, sagt er und dann erinnert er sich: »Früher haben wir den Weihnachtsbaum auch immer im letzten Augenblick gekauft.«

Er weiß, dass ich nur kurz Zeit habe, weil ich zur Arbeit muss. Wir verabschieden uns und ich gehe weiter. Dabei fällt mir ein, dass ich mich richtig an ihn gewöhnt habe. Schon einige Jahre lang sehen wir uns jeden Morgen an dieser Stelle. Immer wieder bin ich stehen geblieben. Und immer wieder haben wir uns ein wenig voneinander erzählt.

Hier beginnt der Park. Der Weg wird breiter, führt zwischen dunklen, hohen Bäumen entlang. Ich gehe und überlege, was ich von dem Mann auf der Bank weiß.

Er ist achtundsechzig Jahre alt und arbeitet nicht mehr. Seine Kinder leben schon lange nicht mehr bei ihm, auch seine Frau nicht. Viele gibt es nicht mehr in seinem Leben, fällt mir auf. Schlafen kann er nur schlecht und nicht mehr lange, hat er mir erzählt. Auch wenn es kalt ist, mag er morgens nicht zu Hause bleiben. Er packt eine Scheibe Brot ein, zieht seinen dicken Mantel an und geht los. Mitten in der Stadt wohnt er. Wenn er an der Bank ankommt, ist er schon zwei Stunden unterwegs. Dort ruht er sich aus und wartet auf mich. Ich bin jeden Tag der Erste, mit dem er spricht.

Von mir weiß er, dass wir vor der Stadt wohnen, meine drei Kinder, meine Frau und ich. Er weiß, dass ich arbeite, dass meine Frau tagsüber den Wagen benutzt und ich mit dem Zug fahre.

Habt ihr schon einen Baum gekauft?, hat er mich gefragt. Heute, am Vorweihnachtstag, werden wir das tun. Zu fünft suchen wir ihn aus.

Redend und gestikulierend, werden wir zwischen den anderen Weihnachtsbaumkäufern stehen. Olaf will den großen Baum haben. Gunda den kleinen niedlichen. Und Jonas verlangt sehr laut den verkrüppelten Baum, weil den sonst bestimmt keiner nimmt. Das ist dann immer der Augenblick, in dem mir das alles auf die Nerven geht und ich am liebsten gar keinen möchte.

Schließlich entscheiden wir uns. Olaf trägt den Baum vorne, ich hinten. So kommen wir nach Hause. Unsere Hände riechen noch lange nach Harz. Und meine Frau fragt: »Ich bin gespannt, ob der Baum ins Zimmer passt. Hätten wir nicht lieber doch den anderen kaufen sollen?«

Auch der Mann auf der Bank wird heute an Verkaufsständen voller Weihnachtsbäume vorbeigehen. Wahrscheinlich überlegt er gar nicht mehr, welcher ihm gefallen könnte, denn er braucht keinen. Was er morgen tun wird, am vierundzwanzigsten Dezember?

Ich stelle mir vor, dass er auch morgen früh aufsteht. Dann kommt er an weihnachtlich dekorierten Schaufenstern vorbei, die ihn wahrscheinlich nicht interessieren. Er wird zu seiner Bank gehen. Mich trifft er an diesem Tag nicht, denn wir bereiten alles für den Abend vor. Und irgendwann am späten Nachmittag stehen Elisabeth und ich mit roten Köpfen im Wohnzimmer vor dem geschmückten Baum, stöhnen und fragen uns: Ist das wirklich alles nötig? Man rennt und holt und kauft und packt und schmückt. Und alles sollte weniger

werden in diesem Jahr. Aber natürlich schenken wir wieder genauso viel wie in den letzten Jahren.

Am Abend sitzen wir dann um unseren runden Tisch. Es gibt braune, lecker riechende, saftige Speckkuchen. Wir trinken etwas Gutes, knacken Nüsse und die Kerzen am Weihnachtsbaum brennen im halbdunklen Raum ab. Später lesen die Kinder, spielen und erzählen. Das Telefon wird klingeln. Leute rufen an, wünschen Fröhliche Weihnachten und fragen: »Wie geht's denn?« Und wir können sagen: »Gut geht's uns.« Am nächsten Tag tauchen die Eltern und Schwiegereltern auf, die andere Verwandtschaft, Bekannte, Freunde. Die Türklingel kommt nicht zur Ruhe. Elisabeth backt und kocht und bestimmt stöhnen wir am zweiten Feiertag: dieser Rummel!

Wenn der Mann auf der Bank uns hören könnte, würde er vielleicht sagen: Gebt mir von eurem Rummel und von euren Besuchern ab. Ich werde nämlich viel Ruhe haben, viel zu viel sogar.

Wie jeden Morgen trage ich auch heute meine Aktentasche durch den Park. Ich kann nicht genau sagen, warum mir der Mann auf der Bank nicht aus dem Kopf geht. Wenn ich an meine Familie denke, an unser Weihnachten, denke ich sofort an ihn.

Ob er sich etwas wünscht? Vielleicht, dass er mal richtig ausschläft, wenigstens an Weihnachten. Aber gerade an diesem Tag kann er das nicht, stelle ich mir vor. Da liegt er in seinem Bett und denkt daran, dass seine Kinder früher in dem

anderen Zimmer lagen und neben ihm lag seine Frau. Damals lohnte sich Weihnachten noch für ihn. Sicher feierte er ein ganz normales Fest, wie wir das morgen tun werden. Eines mit einer Wohnung voller Menschen und Stimme, Telefonklingeln, Gerüchen und Spannung.

Bei unseren Kindern ist die Spannung sicher größer als bei meiner Frau und mir, denke ich. Schließlich haben wir schon um die vierzig Mal Weihnachten erlebt. Dann ist das nicht mehr ganz so aufregend. Aber ich bin immer noch gespannt, was ich bekomme, denn ich lasse mich gerne überraschen. Und vor allem bin ich neugierig, wie den Kindern die Überraschungen gefallen, die wir uns für sie ausgedacht haben.

Plötzlich stelle ich mir vor, dass das bei mir auch alles anders sein könnte. Ich könnte ohne Frau und Kinder leben wie der Mann auf der Bank. Dann gingen Elisabeth und ich abends nicht mehr ins Kinderzimmer, wenn sie schlafen, wie wir das gestern getan haben: noch schnell die Gunda und den Jonas zudecken. Später sitzen wir im Wohnzimmer und reden darüber, ob ihnen wohl die Geschenke gefallen werden und ob wir an alles gedacht haben. Und wir überlegen: Klappt das bei uns in der Familie so einigermaßen mit dem Zusammenleben, sind wir zu streng oder das Gegenteil? Weil wir unterschiedlich darüber denken, streiten wir. Aber auch so was gehört zum normalen Familienleben.

Da ist der Weg zu Ende. Ich komme aus dem Park. Die

Lampen beleuchten den Asphalt und ich stehe am Straßenrand, lasse Autos vorüberfahren.

Jetzt wird wohl auch der alte Mann schon von seiner Bank aufgestanden sein. Ich habe ihn nie gefragt, was er tut, wenn er nicht mehr auf der Bank sitzt. Ob er sein Mittagessen einkauft? Oder geht er einfach so spazieren?

Nach den Feiertagen könnte ich ihm ein verspätetes Weihnachtspäckchen mitbringen. Aber vielleicht meint er dann, er müsste auch mir etwas schenken, also bremse ich mich gleich. Vielleicht will er so was gar nicht. Es könnte sein, dass ihm das alles völlig gleichgültig ist. Aber eigentlich glaube ich das nicht.

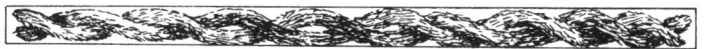

Des Knaben Wunderhorn
Ein Wahrheitslied

Als Gott der Herr geboren war,
Da war es kalt;
Was sieht Maria am Wege stehn?
Ein Feigenbaum.
»Maria, lass die Feigen noch stehn,
Wir haben noch dreißig Meilen zu gehn,
Es wird uns spät.«

Und als Maria ins Städtlein kam
Vor eine Tür,
Da sprach sie zu dem Bäuerlein:
»Behalt uns hier,
Wohl um das kleine Kindelein,
Es möcht dich wahrlich sonst gereun,
Die Nacht ist kalt.«

Der Bauer sprach von Herzen: »Ja,
Geht in den Stall!«

Als nun die halbe Mitternacht kam,
Stand auf der Mann:
»Wo seid ihr dann, ihr armen Leut?
Dass ihr noch nicht erfroren seid,
Das wundert mich.«

Der Bauer ging da wieder ins Haus
Wohl aus der Scheuer:
»Steh auf, mein Weib, mein liebes Weib,
Und mach ein Feuer
Und mach ein gutes Feuerlein,
Dass diese armen Leutelein
Erwärmen sich.«

Und als Maria ins Haus hinkam,
Da war sie froh,
Joseph, der war ein frommer Mann,
Sein Säcklein holt;
Er nimmt heraus ein Kesselein,

Das Kind tät ein bisschen Schnee hinein,
Und das sei Mehl.
Es tat ein wenig Eis hinein,
Und das sei Zucker,
Es tat ein wenig Wasser drein,
Und das sei Milch;
Sie hingen den Kessel übern Herd
An einen Haken, ohn Beschwerd,
Das Müslein kocht.

Ein Löffel schnitzt der fromme Mann
Von einem Span,
Der ward von lauter Helfenbein
Und Diamant,
Maria gab dem Kind den Brei,
Da sah man, dass es Jesu sei,
Unter seinen Augen.

Margret Rettich

Die Geschichte vom Weihnachtsbraten

Einmal fand ein Mann am Strand eine Gans.

Tags zuvor hatte der Novembersturm getobt. Sicher war sie zu weit hinausgeschwommen, dann abgetrieben und von den Wellen wieder an Land geworfen worden.

In der Nähe hatte niemand Gänse. Es war eine richtige weiße Hausgans.

Der Mann steckte sie unter seine Jacke und brachte sie seiner Frau: »Hier ist unser Weihnachtsbraten.«

Beide hatten noch niemals ein Tier gehabt, darum hatten sie auch keinen Stall. Der Mann baute aus Pfosten, Brettern und Dachpappe einen Verschlag an der Hauswand. Die Frau legte Säcke hinein und darüber einen alten Pullover. In die Ecke stellte sie einen Topf mit Wasser.

»Weißt du, was Gänse fressen?«, fragte sie.

»Keine Ahnung«, sagte der Mann.

Sie probierten es mit Kartoffeln und mit Brot, aber die Gans rührte nichts an. Sie mochte auch keinen Reis und nicht den Rest vom Sonntagsnapfkuchen.

»Sie hat Heimweh nach anderen Gänsen«, sagte die Frau.

Die Gans wehrte sich nicht, als sie in die Küche getragen wurde. Sie saß still unter dem Tisch. Der Mann und die Frau hockten vor ihr, um sie aufzumuntern.

»Wir sind eben keine Gänse«, sagte der Mann. Er setzte sich auf seinen Stuhl und suchte im Radio nach Blasmusik.

Die Frau saß neben ihm am Tisch und klapperte mit den Stricknadeln. Es war sehr gemütlich. Plötzlich fraß die Gans Haferflocken und ein wenig vom Napfkuchen.

»Er lebt sich ein, der liebe Weihnachtsbraten«, sagte der Mann.

Bereits am anderen Morgen watschelte die Gans überall herum. Sie streckte den Hals durch offene Türen, knabberte an der Gardine und machte einen Klecks auf den Fußabstreifer.

Es war ein einfaches Haus, in dem der Mann und die Frau wohnten. Es gab keine Wasserleitung, sondern nur eine Pumpe. Als der Mann einen Eimer voll Wasser pumpte, wie er es jeden Morgen tat, ehe er zur Arbeit ging, kam die Gans, kletterte in den Eimer und badete. Das Wasser schwappte über und der Mann musste noch einmal pumpen.

Im Garten stand ein kleines Holzhäuschen, das war die Toilette. Als die Frau dorthin ging, lief die Gans hinterher und drängte sich mit hinein. Später ging sie mit der Frau zusammen zum Bäcker und in den Milchladen.

Als der Mann am Nachmittag auf seinem Rad von der Arbeit kam, standen die Frau und die Gans an der Gartenpforte.

»Jetzt mag sie auch Kartoffeln«, erzählte die Frau.

»Brav«, sagte der Mann und streichelte der Gans über den Kopf, »dann wird sie bis Weihnachten rund und fett.«

Der Verschlag wurde nie benutzt, denn die Gans blieb jede Nacht in der warmen Küche. Sie fraß und fraß. Manchmal setzte die Frau sie auf die Waage und jedes Mal war sie schwerer.

Wenn der Mann und die Frau am Abend mit der Gans zusammensaßen, malten sich beide die herrlichsten Weihnachtsessen aus.

»Gänsebraten und Rotkohl, das passt gut«, meinte die Frau und kraulte die Gans auf ihrem Schoß.

Der Mann hätte zwar statt Rotkohl lieber Sauerkraut gehabt, aber die Hauptsache waren für ihn die Klöße.

»Sie müssen so groß sein wie mein Kopf und alle genau gleich«, sagte er.

»Und aus rohen Kartoffeln«, ergänzte die Frau.

»Nein, aus gekochten«, behauptete der Mann. Dann einigten sie sich auf Klöße halb aus rohen und halb aus gekochten Kartoffeln. Wenn sie ins Bett gingen, lag die Gans am Fußende und wärmte sie.

Mit einem Mal war Weihnachten da.

Die Frau schmückte einen kleinen Baum.

Der Mann radelte zum Kaufmann und holte alles, was sie für den großen Festschmaus brauchten. Außerdem brachte er ein Kilo extrafeine Haferflocken.

»Wenn es auch ihre letzten sind«, seufzte er, »soll sie doch wissen, dass Weihnachten ist.«

»Was ich sagen wollte«, meinte die Frau, »wie, denkst du, sollten wir . . . ich meine . . . wir müssten doch nun . . .«

Aber weiter kam sie nicht.

Der Mann sagte eine Weile nichts. Und dann: »Ich kann es nicht.«

»Ich auch nicht«, sagte die Frau. »Ja, wenn es eine x-Beliebige wäre. Aber nicht diese hier. Nein, ich kann es auf gar keinen Fall.«

Der Mann packte die Gans und klemmte sie in den Gepäckträger. Dann fuhr er auf dem Rad zum Nachbarn. Die Frau kochte inzwischen den Rotkohl und machte Klöße, einen genauso groß wie den anderen.

Der Nachbar wohnte zwar ziemlich weit weg, aber doch nicht so weit, dass es eine Tagesreise hätte werden müssen. Trotzdem kam der Mann erst am Abend wieder. Die Gans saß friedlich hinter ihm.

»Ich habe den Nachbarn nicht angetroffen, da sind wir etwas herumgeradelt«, sagte er verlegen.

»Macht gar nichts«, rief die Frau munter, »als du fort warst, habe ich mir überlegt, dass es den feinen Geschmack des Rotkohls und der Klöße nur stört, wenn man noch etwas anderes dazu auftischt.«

Die Frau hatte Recht und sie hatten ein gutes Essen. Die Gans verspeiste zu ihren Füßen die extrafeinen Haferflocken. Spä-

ter saßen sie alle drei nebeneinander auf dem Sofa in der
guten Stube und sahen in das Kerzenlicht.

Übrigens kochte die Frau im nächsten Jahr zu den Klößen zur
Abwechslung Sauerkraut. Im Jahr darauf gab es zum Sauerkraut breite Bandnudeln. Das sind so gute Sachen, dass man
nichts anderes dazu essen sollte.

Inzwischen ist viel Zeit vergangen.

Gänse werden sehr alt.

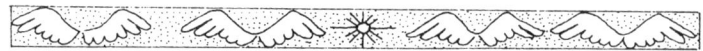

Fjodor Dostojewski

Der Christbaum der armen Kinder

Es war am frühen Morgen. In einem feuchten, kalten Keller-
loch erwachte er. Sein Röcklein war dünn, er zitterte vor
Kälte; in der Ecke auf dem Kasten sitzend, vergnügte er sich
aus Langeweile zuzusehen, wie der Atem aus dem Munde
flog. Und er trat immer wieder an die Pritsche, auf der seine
kranke Mutter lag; dünn wie ein Pfannkuchen war die Streu,
statt des Kissens hatte sie unter ihrem Kopf irgendein Bündel.
Welches Schicksal führte sie hierher? Wahrscheinlich war sie
mit ihrem Knaben aus einer anderen Stadt gekommen und
plötzlich erkrankt . . .
Feiertag war vor der Tür, deshalb hatten sich die anderen
Kellerbewohner entfernt.
Zu trinken hatte er sich im Hausflur beschafft, aber nirgends
konnte er ein Krustchen Brot finden. Er betastete das Gesicht
der Mutter und wunderte sich, dass sie sich gar nicht regte
und so kalt wie die Wand war. Wie kalt ist es hier, dachte er,
indem seine Hand auf der Schulter der Toten ruhte. Plötzlich
läuft er hinaus. Kälte, Schnee und vermummte Menschen.
Dann Glas! Und hinter dem Glas eine Stube! Und in der Stube

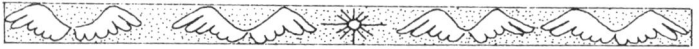

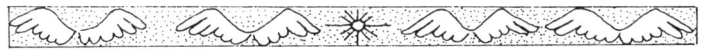

ein Baum bis zur Decke – das ist ein Christbaum mit vielen goldenen Papierchen und Äpfeln! Um den Christbaum liegen Püppchen und kleine Pferdchen. In der Stube laufen Kinder, geputzt, reinlich – und sie lachen und spielen und essen und trinken. Der arme Knabe sieht das alles, wundert sich und lacht.

Jetzt aber fangen ihm die Zehen an den Füßen zu schmerzen an und die Hände sind ganz rot geworden, die Finger biegen sich nicht mehr und schmerzen beim Bewegen. Da fängt der Knabe bitterlich zu weinen an und läuft weiter. Durch ein anderes Glas sieht er wieder eine Stube, mit Christbäumen ausgeschmückt; auf den Tischen liegen Kuchen allerlei Art, Mandelkuchen, rote, gelbe Kuchen; es sitzen da vier reich geputzte Damen, jedem, der kommt, geben sie Kuchen und die Tür geht fortwährend auf; es kommen von der Straße viele Herrschaften herein. Der Kleine schleicht sich an die Tür, öffnet, tritt in die Stube. Hu!, wie man ihn anschreit, ihm zuwinkt, dass er fortgehen soll. Eine der Damen tritt schnell an ihn heran, steckt ihm ein Kopekchen zu und macht die Tür zur Straße auf. Wie der Kleine erschrickt! Das Kopekchen rollt auf die Straße; er kann ja, um es zu halten, seine Finger nicht biegen. Schnell läuft er fort, wohin, weiß er selbst nicht. Und er läuft, läuft und pustet in die Hände.

Plötzlich scheint es ihm, als ob jemand von hinten an sein Röckchen greife, und da steht auf einmal ein großer, böser Bengel neben ihm, schlägt ihm auf den Kopf, reißt ihm die

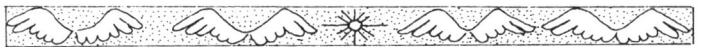

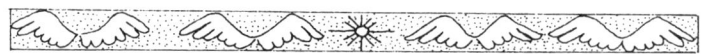

Mütze ab und stellt ihm ein Bein. Er fällt auf die Erde. Die Leute schreien auf. Und da erschrickt er, springt in die Höhe und läuft, läuft – wohin, weiß er selbst nicht – auf einen fremden Hof und verbirgt sich hinter dem aufgestapelten Holz.

Hier ist's dunkel, denkt er, hier findet man ihn nicht. Er kauert sich zusammen, vor Angst kann er kaum atmen. Auf einmal wird es ihm so leicht, Hände und Füße schmerzen nicht mehr, Wärme durchdringt seinen Körper, so warm fühlt er sich wie auf dem Ofen. Und jetzt wieder schauert er zusammen – er ist eingeschlafen. Wie gut es hier ist zu schlafen. Und im Traum wird es ihm, als singe über ihm seine Mutter ein Wiegenlied. Mütterchen, ich schlafe. Ach, es ist hier so gut zu schlafen.

»Komm zu mir zum Christbaum, Knabe«, sagt über ihm eine sanfte Stimme. Der Kleine denkt, seine Mutter rufe ihm zu, aber nein, sie ist es nicht. Jemand beugt sich zu ihm und umschlingt ihn in der Dunkelheit. Und was für ein Licht glänzt ihm entgegen! Oh, was für ein Christbaum! Aber nein, es ist kein Christbaum. Noch nie hat er solch einen Baum gesehen. Alles glänzt, alles blitzt und ringsherum lauter Püppchen. Aber nein, das sind Knaben und Mädchen in lichten Gewändern, sie fliegen ihm zu, küssen ihn, nehmen ihn mit sich und er selbst fliegt . . . Seine Mutter sieht ihn an und lächelt freudig. Mutter! Mutter! Ach, wie gut ist es hier, Mutter! Und wieder küssen ihn die

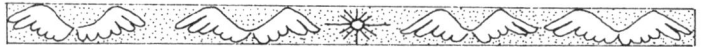

Kinder. »Wer seid ihr, Knaben? Und wer seid ihr, Mädchen«, fragt er lächelnd.

»Dies ist Christi Weihnachtsbaum«, antworten sie ihm. »An diesem Tag hat Christus immer einen Weihnachtsbaum für die Kinder, welche auf Erden keinen Baum haben.« Und der Kleine hört, dass die Knaben und Mädchen solche Kinder gewesen sind wie er selbst. Und alle sind jetzt hier, alle beim Christ, der ihnen seine Hände entgegenhält, der sie und ihre armen Mütter segnet.

Betty Smith

Weihnachtstannen in Williamsburg

In Williamsburg gab es, was die Weihnachtsbäume betraf,
eine grausame Sitte. Man erzählte, man brauchte nur zu
warten bis Mitternacht des Heiligen Abends, dann würden
einem die Christbäume, die noch nicht verkauft waren, gera-
dezu nachgeworfen. Und das stimmte im wahrsten Sinne des
Wortes. Am Heiligen Abend versammelten sich die Kinder
um zwölf Uhr nachts vor den noch unverkauften Christbäumen. Der Verkäufer warf einen Baum nach dem anderen weg.
Er begann immer mit den größten. Die Kinder boten sich an
die Bäume aufzufangen. Wenn sie unter dem Aufprall nicht
zu Boden fielen, durften sie den Baum behalten. Hielten sie
aber dem Wurf nicht stand, dann hatten sie ihre Chance,
einen Baum zu gewinnen, verscherzt.

Nur die stärksten unter den Knaben wagten es, sich den
größten Baum anwerfen zu lassen. Die anderen warteten, bis
ein Baum an die Reihe kam, dessen Gewicht sie zu ertragen
vermochten. Die kleinsten Kinder warteten auf die ganz kleinen, fußgroßen Bäumchen und jauchzten vor Entzücken,
wenn es ihnen gelang, eines zu gewinnen.

Als Francie zehn Jahre alt war und Neeley neun, erlaubte ihnen Mama zum ersten Mal ihr Glück mit einem Christbaum zu versuchen. Francie hatte sich schon während des Tages ihren Baum ausgesucht. Sie hatte den ganzen Abend daneben gestanden und gebetet, dass ihn nicht vorher noch jemand kaufe. Zu ihrer großen Freude war er um Mitternacht noch da. Es war der größte Baum von allen und er war so teuer, dass niemand ihn bezahlen konnte. Er war drei Meter hoch. Seine Zweige waren mit einer hübschen Schnur zusammengebunden und er hatte eine schöne gerade Spitze. Dieser Baum kam zuerst an die Reihe. Aber noch bevor sich Francie melden konnte, hatte Punky Perkins, einer der rauflustigsten Jungen der Nachbarschaft, der schon achtzehn Jahre alt war, dem Mann befohlen ihm den Baum anzuwerfen. Aber dem Mann gefiel die selbstsichere Art des Jungen nicht. Er schaute sich um und fragte: »Ist sonst noch jemand da, der es wagen will?«

Francie gab sich einen Ruck: »Ich, Mister.«

Der Mann lachte spöttisch auf. Die anderen Kinder kicherten. Die umstehenden Erwachsenen, die gekommen waren, um der Konkurrenz beizuwohnen, staunten mit offenem Mund.

»Ach, was denkst du denn, du bist doch viel zu klein«, wandte der Verkäufer ein.

»Aber ich und mein Bruder zusammen, wir sind nicht zu klein.«

Sie nahm Neeley beim Ärmel. Der Mann schaute die beiden Kinder an: ein schmächtiges zehnjähriges Mädchen mit vor

Hunger eingefallenen Wangen und einem noch kindlich gerundeten Kinn und ein kleiner blonder Junge mit kugelrunden blauen Augen, Neeley Nolan, der ganz aus Unschuld und Vertrauen bestand.

»Zwei ist nicht fair«, kläffte Punky.

»Halt deinen lausigen Schnabel!«, riet ihm der Mann, der in jener Stunde das entscheidende Wort zu sprechen hatte. »Diese Kinder haben Mut. Weg mit euch allen. Sie sollen ihr Glück einmal probieren!«

Die Zuschauer bildeten eine krumme Gasse. Francie und Neeley standen an deren einem Ende und der Mann mit dem Weihnachtsbaum am anderen. Schon bog der Mann seine kräftigen Arme, um den Baum zu werfen. Da wurde ihm für einen Moment bewusst, wie klein die beiden Kinder noch waren, und während dieses Augenblicks wurde seine Seele von Mitleid gequält.

Ach Gott, dachte er, warum gebe ich den armen Würmern den Baum nicht einfach und sage »Fröhliche Weihnachten« dazu? Der Baum ist ohnehin verloren für mich. Ich kann ihn dieses Jahr doch nicht mehr verkaufen und bis zum nächsten Jahr ist er verdorrt. Die Kinder schauten ihn ernst und feierlich an, während er dastand und sich diese Gedanken machte. Aber dann, räsonierte er, werden alle andern von mir erwarten, dass ich ihnen den Baum auch schenke. Und im nächsten Jahr würde mir überhaupt niemand mehr einen Baum abkaufen. Sie würden alle warten, bis ich ihn ihnen auf einem silbernen Präsen-

tierteller anböte. Ich bin nicht so reich, dass ich diesen Baum umsonst verschenken kann. Nein, ich bin nicht reich genug. Ich bin nicht reich genug, um mir so etwas leisten zu können. Ich muss auch an mich und meine eigenen Kinder denken.

Nun war sein Entschluss gefasst. Ach, zum Teufel! Diese beiden Kinder müssen sich daran gewöhnen, dass sie in einer rauen Welt leben. Sie müssen es lernen, Schmerz zu ertragen und Schmerz zuzufügen. Und, bei Gott, weniger zufügen als ertragen, ertragen, immer ertragen in dieser gottverdammten Welt. Während er den Baum mit aller Wucht auf die Kinder warf, schrie es in seinem Herzen: »Es ist eine gottverdammte, verdorbene, elende Welt!«

Francie sah den Baum durch die Luft fliegen. Für den Bruchteil einer Sekunde hörten Raum und Zeit auf zu sein. Die ganze Welt schien stillzustehen, während das dunkle, ungeheure Ding auf sie zuflog. Das Entsetzen vor dem fliegenden Baum schien alle anderen Erinnerungen ihres Lebens auszuwischen. Es gab nichts mehr als schneidende Dunkelheit und etwas, das größer und größer wurde, während es auf sie zustürzte. Sie schwankte unter dem Anprall des Baumes. Neeley wollte in die Knie sinken, aber sie zog ihn energisch hoch, bevor er den Boden berührte. Der Baum fiel mit einem mächtigen Rauschen vor ihnen nieder. Vor ihren Augen war alles dunkel, grün und stachelig. Dann fühlte Francie einen stechenden Schmerz an der Schläfe, wo der Baum sie getroffen hatte. Sie spürte, wie Neeley zitterte.

Als ein paar größere Jungen den Baum wegzogen, fanden sie Francie und Neeley aufrecht Hand in Hand dastehen. Das Blut strömte über Neeleys zerkratztes Gesicht. Er glich mehr denn je einem Kleinkind mit seinen entsetzten blauen Augen und seiner zarten Haut, die zwischen den roten Blutbächlein noch weißer schimmerte als sonst. Aber sie lächelten beide. Hatten sie nicht den größten Weihnachtsbaum des ganzen Viertels gewonnen? Einige der Knaben schrien: »Hurra!« Die Erwachsenen klatschten Beifall. Und der Christbaumverkäufer lobte sie mit den Worten: »Und nun macht, dass ihr zum Teufel kommt, ihr lausigen Halunken!«

Aber Francie war von klein auf ans Fluchen gewöhnt. Unanständigkeiten und wüste Wörter hatten unter ihresgleichen ihren ursprünglichen Sinn verloren. Die Flüche waren einfach Gefühlsausbrüche von ungebildeten Leuten mit unbegrenztem Wortschatz. Sie waren eine Art Armendialekt. Die Wörter konnten mancherlei bedeuten, je nach dem Ton, in dem sie gesagt wurden, und der Geste, die sie begleitete. So war es auch jetzt. Als Francie die Wörter »lausige Halunken« hörte, lächelte sie den freundlichen Mann zitternd an. Sie wusste ganz gut, was er damit meinte: »Gott segne euch – fröhliche Weihnachten!«

Es war nicht leicht, den Baum nach Hause zu schleppen. Zudem wurden sie von einem Gassenjungen behindert, der ihnen nachlief und schrie: »Freie Fahrt! Einsteigen!«, und dabei immer auf den Baum sprang und sich mitschleppen

ließ. Aber schließlich wurde ihm das Spiel zu dumm und er ließ sie in Ruhe.

Andererseits war es ein Vorteil, dass sie so viel Zeit brauchten, um den Baum heimzuschleppen. Sie konnten auf diese Weise ihren Triumph länger auskosten.

Francie glühte vor Stolz, als eine Dame sagte: »Ich habe in meinem Leben noch nie einen so großen Baum gesehen!« Ein Mann rief ihnen nach: »He, Kinder, habt ihr eine Bank geplündert, dass ihr einen so schönen Baum kaufen konntet?« Der Polizist an der Straßenecke hielt sie an, bewunderte den Baum und bot ihnen zehn Cent dafür, fünfzehn Cent, wenn sie ihn bis vor sein Haus schleppen würden. Francie platzte fast vor Stolz, wenn sie auch wusste, dass er nur Spaß machte. Sie sagte, nicht einmal für einen Dollar würde sie ihn hergeben. Er schüttelte den Kopf und sagte, sie sei aber dumm, dass sie das gute Geschäft ausschlage. Er steigerte sein Angebot bis zu einem viertel Dollar, aber Francie schüttelte, immer lächelnd, den Kopf und sagte: »Nein!« Sie kam sich vor wie in einem Weihnachtsspiel, in welchem der Handlungsort eine Straßenecke war, die Zeit ein frostiger Heiliger Abend und die Personen ein freundlicher Polizist, ihr Bruder und auch sie selbst. Francie dachte sich den ganzen Dialog aus. Der Polizist konnte seine Rolle gut und sie brauchte nur im rechten Augenblick fortzufahren.

Vor dem Haus angelangt, mussten sie Papa herunterrufen, damit er ihnen helfe den Baum die schmalen Treppen hinauf-

zutransportieren. Papa rannte die Treppe herab. Sein Staunen über die Größe des Baumes war höchst schmeichelhaft. Er tat so, als könnte er nicht glauben, dass der Baum wirklich Francie und Neeley gehörte. Es belustigte Francie sehr, ihn immer wieder davon zu überzeugen, obwohl sie genau wusste, dass das alles nur ein Spiel war.

Papa zog vorn am Baum, während Francie und Neeley hinten schoben, und so schleppten sie den großen Baum das schmale Treppenhaus hinauf. Johnny war so begeistert, dass er zu singen anfing, ohne sich darum zu kümmern, dass es schon sehr spät in der Nacht war. Er sang »Stille Nacht«. Seine helle süße Stimme widerhallte in dem engen Treppenhaus. Quietschende Türen öffneten sich und ganze Familien versammelten sich auf den Treppenabsätzen, glücklich und erstaunt darüber, dass plötzlich in ihrem Leben etwas so Schönes und Merkwürdiges passierte.

Brüder Grimm

Die Sterntaler

Es war einmal ein kleines Mädchen, dem waren Vater und Mutter gestorben, und es war so arm, dass es kein Kämmerchen mehr hatte darin zu wohnen und kein Bettchen mehr darin zu schlafen und endlich gar nichts mehr als die Kleider auf dem Leib und ein Stückchen Brot in der Hand, das ihm ein mitleidiges Herz geschenkt hatte. Es war aber gut und fromm. Und weil es von aller Welt verlassen war, ging es im Vertrauen auf den lieben Gott hinaus ins Feld. Da begegnete ihm ein armer Mann, der sprach: »Ach, gib mir etwas zu essen, ich bin so hungrig.« Es reichte ihm das ganze Stückchen Brot und sagte: »Gott segne dir's«, und ging weiter. Da kam ein Kind, das jammerte und sprach: »Es friert mich so an meinem Kopfe, schenk mir etwas, womit ich ihn bedecken kann.« Da tat es seine Mütze ab und gab sie ihm. Und als es noch eine Weile gegangen war, kam wieder ein Kind und hatte kein Leibchen an und fror: Da gab es ihm seins; und noch weiter, da bat eins um ein Röcklein, das gab es auch von sich hin. Endlich gelangte es in einen Wald und es war schon dunkel geworden, da kam noch eins und bat um ein Hemd-

lein und das fromme Mädchen dachte: Es ist dunkle Nacht, da sieht dich niemand, du kannst wohl dein Hemd weggeben, und zog das Hemd ab und gab es auch noch hin. Und wie es so stand und gar nichts mehr hatte, fielen auf einmal die Sterne vom Himmel und waren lauter harte blanke Taler: Und ob es gleich sein Hemdlein weggegeben hatte, so hatte es ein neues an, und das war vom allerfeinsten Linnen. Da sammelte es sich die Taler hinein und war reich für sein Lebtag.

Agatha Christie
Der kleine Weihnachtsesel

Es war einmal ein sehr unartiger kleiner Esel. Es gefiel ihm, unartig zu sein. Wenn ihm etwas auf den Rücken gepackt wurde, warf er es ab und er lief den Leuten nach, weil er sie beißen wollte. Sein Herr konnte nichts mit ihm anfangen, so verkaufte er ihn einem andern, der auch nicht mit dem Esel fertig wurde und ihn weiterverkaufte und schließlich wurde er für ein paar Groschen an einen bösen alten Mann verkauft, der alte, abgearbeitete Esel erstand und sie durch Überanstrengung und schlechte Behandlung umbrachte. Aber der unartige Esel jagte den Alten und biss ihn und dann rannte er weg.

Er wollte sich nicht wieder einfangen lassen, deshalb gesellte er sich zu einer Karawane, die des Weges zog. Niemand wird wissen, wem ich in diesem Haufen gehöre, dachte der Esel.

Alle diese Leute waren zur Stadt Bethlehem unterwegs, und als sie dort anlangten, begaben sie sich zu einer großen Herberge voller Menschen und Tiere. Das Eselchen schlüpfte in einen schönen, kühlen Stall, wo ein Ochse und ein Kamel

waren. Das Kamel war sehr hochmütig wie alle Kamele, denn Kamele glauben, sie allein kennen die vielen geheimen Namen Gottes. Da es zu stolz war, um mit dem Esel zu sprechen, begann der Esel zu prahlen. Er prahlte gern.

»Ich bin ein sehr ungewöhnlicher Esel«, sagte er. »Ich kann voraussehen und hinterhersehen.«

»Was heißt das?«, fragte der Ochse.

»Wie meine Vorderbeine – vorn – und meine Hinterbeine – hinten. Oh ja, meine Urur-siebenunddreißigmal-Ururgroßmutter gehörte dem Propheten Bileam und sie sah mit eigenen Augen den Engel des Herrn!«

Aber der Ochse kaute weiter und das Kamel blieb stolz.

Dann kamen ein Mann und eine Frau herein und es gab viel Aufregung. Doch der Esel fand bald heraus, dass sich das ganze Aufheben nicht lohnte, die Frau gebar bloß ein Kind, und das geschieht jeden Tag. Nach der Geburt des Kindes erschienen einige Hirten und taten sich viel zugute auf das Kind – aber die Hirten sind ja sehr einfache Menschen.

Dann aber kamen Männer in langen, reich geschmückten Gewändern.

»Sehr bedeutende Persönlichkeiten«, zischte das Kamel.

»Wieso?«, fragte der Esel.

»Sie bringen Geschenke«, sagte das Kamel.

Da der Esel annahm, Geschenke wären etwas Gutes zu essen, schnüffelte er, als es dunkel wurde, eifrig herum. Aber das erste Geschenk war gelb und hart, das zweite brachte den Esel

zum Niesen, und als er am dritten leckte, schmeckte es abscheulich und bitter.

Was für dumme Geschenke, dachte der Esel enttäuscht.

Als er aber so bei der Krippe stand, streckte das Kind sein Händchen aus, griff nach dem Ohr des Esels und hielt es fest.

Und da geschah etwas sehr Seltsames. Der Esel wollte nicht mehr unartig sein.

Zum ersten Mal in seinem Leben wollte er gut sein. Und er wollte dem Kind etwas schenken – doch er hatte nichts zu geben. Das Kind schien an seinem Ohr Freude zu haben, aber das Ohr war ja ein Teil von ihm ... und da kam ihm noch ein merkwürdiger Gedanke. Vielleicht konnte er sich selbst dem Kind schenken ...

Kurz darauf kam Joseph mit einem groß gewachsenen Fremden in den Stall. Der Fremde sprach eindringlich auf Joseph ein, und als der Esel die beiden betrachtete, traute er kaum seinen Augen. Der Fremde schien sich aufzulösen und an seiner Stelle stand ein Engel des Herrn, eine goldene Gestalt mit Flügeln. Doch gleich darauf verwandelte sich der Engel wieder in einen gewöhnlichen Menschen. Meine Güte, ich habe Gesichte, sagte sich der Esel, das Futter muss schuld daran sein.

Joseph sprach mit Maria.

»Wir müssen mit dem Kind fliehen. Wir dürfen keine Zeit verlieren.« Sein Blick fiel auf den Esel. »Wir wollen diesen Esel

hier nehmen und für seinen unbekannten Besitzer Geld zurücklassen. Auf diese Weise verlieren wir keine Zeit.«

So begaben sie sich hinaus auf den Weg, der aus Bethlehem fortführte. Doch als sie an einen engen Ort gelangten, erschien der Engel des Herrn mit flammendem Schwert und der Esel bog vom Wege ab und erkletterte einen Berghang. Joseph wollte ihn zum Weg zurücklenken, aber Maria sagte: »Lass ihn. Denk an den Propheten Bileam.«

Gerade als sie den Schutz einiger Ölbäume erreichten, stampften und klirrten die Kriegsknechte des Königs Herodes mit gezogenen Schwertern den Weg entlang. Genau wie bei meiner Urahne, dachte der Esel, sehr zufrieden mit sich selbst. Es nimmt mich wunder, ob ich auch voraussehen kann.

Er zwinkerte mit den Augen und da sah er ein undeutliches Bild – einen Esel, der in einen Brunnen gefallen war, und einen Mann, der ihn herauszog...

Das ist ja mein Herr, zum Mann herangewachsen, dachte der Esel.

Dann ein anderes Bild – derselbe Mann ritt auf einem Esel in eine Stadt...

Natürlich, sagte sich der Esel, der soll zum König gekrönt werden!

Aber die Krone schien nicht aus Gold zu sein, sondern aus Dornen. Der Esel liebte Dornen und Disteln, doch für eine Krone mochten sie nicht das Richtige sein. Und er nahm einen Geruch wahr, den er kannte und fürchtete – Blutge-

ruch, und da war etwas an einem Schwamm, bitter wie die Myrrhe, die er im Stall gekostet hatte.

Da erkannte der Esel plötzlich, dass er nicht mehr vorausse-hen mochte. Er wollte nur dem Tag leben, wollte seinen kleinen Herrn lieben und von ihm geliebt werden, wollte ihn und seine Mutter sicher nach Ägypten tragen.

![Illustration]

Regine Schindler

Eine Spur im Sand

In der Ferne sehe ich einen Hirtenjungen.
Man hat ihn sorgsam zugedeckt.
Sein Vater hat ihm wohl ein Lied gesungen.
Und niemand hat ihn aufgeweckt,
Als der Engel kam mit himmlischem Schein.
»Lasst ihn schlafen. Er ist zu klein!«

Und wie er aufwacht aus tiefem Schlafe,
Schaut er sich um und sieht: Ich bin allein.
Nichts als die Herde, kein Hund, nur die Schafe.
Da fühlt sich der Junge winzig klein.
Die Engel sind fort, die Engel, die scheinen.
Der Junge steht auf. Er möchte weinen.

Doch am Himmel leuchtet ein Stern, der lacht.
Es ist, als reiche er ihm die Hand.
Die Tränen sind fort. Hell ist die Nacht.
Der Junge sieht eine Spur im Sand.
Die Spur führt ihn fort, sie führt zum Stall.
Und es leuchtet der Stern wie ein glühender Ball.
Was der Junge findet: Es ist nur ein Kind.

Ein kleiner Bub auf der Mutter Schoß,
Gewärmt vom Atem von Esel und Rind.
Der Hirtenjunge fühlt sich jetzt groß.
Es wird ihm warm: Hier ist keiner klein.
Der Junge denkt: Hier möcht ich immer sein.

Diese Spur, ich möchte sie heute noch finden.
Ist sie in einem fernen Land?
Ist sie verweht von Wüstenwinden
Die Spur, die der Hirtenjunge fand,
Die Spur, die mich führt zum kleinen Kind,
Bei dem auch die Kleinen Große sind?

Ich brauche den Stern, den glühenden Ball.
Doch ich seh ihn nur in schönen Träumen.
Ich suche noch heute den Weg zum Stall.
Ich bin umringt von Tannenbäumen.
Die glitzern hell, aber ihre Lichter
Spiegeln nur unsre eignen Gesichter.

Doch bin ich sicher: Der Stern ist da.
So groß wie in jenen alten Zeiten.
Er ist an allen Orten ganz nah.
Willst du mich beim Suchen begleiten?
Gibst du mir dabei deine Hand?
Wir finden sie – die Spur im Sand.

Lukasevangelium
Jesu Geburt

Es begab sich aber zu der Zeit, dass ein Befehl von dem Kaiser Augustus ausging, alle Welt sollte sich für die Steuer eintragen lassen. Diese Eintragung war die erste und sie geschah zur Zeit, als Quirinius Statthalter in Syrien war. Und alle gingen hin, um sich eintragen zu lassen, jeder in seine Stadt. Da ging auch Josef aus Galiläa aus der Stadt Nazaret nach Judäa hinauf zur Stadt Davids, die Bethlehem heißt, weil er aus dem Haus und Geschlecht Davids war, um sich eintragen zu lassen mit Maria seiner Braut; die war schwanger. Als sie aber dort waren, kam die Zeit, dass sie gebären sollte. Und sie gebar ihren ersten Sohn, wickelte ihn in Windeln und legte ihn in eine Krippe; denn sie hatten sonst keinen Platz in der Herberge.

Es waren aber Hirten in derselben Gegend auf dem Felde, die hüteten nachts ihre Herde. Und der Engel des Herrn trat zu ihnen und die Klarheit des Herrn umleuchtete sie; und sie fürchteten sich sehr. Und der Engel sprach zu ihnen: *Fürchtet euch nicht! Siehe, ich verkündige euch große Freude, die dem ganzen Volk widerfahren wird; denn euch ist heute in der Stadt Davids der Heiland geboren; das ist Christus, der Herr. Und das nehmt zum Zeichen: Ihr werdet ein Kind finden, in Windeln*

gewickelt und in einer Krippe liegen.« Und plötzlich war bei dem Engel die Menge der himmlischen Heerscharen, die lobten Gott und sprachen: *Ehre sei Gott in der Höhe und Friede auf Erden bei den Menschen seines Wohlgefallens.*

Und als die Engel von ihnen zum Himmel fuhren, sagten die Hirten zueinander: Lasst uns nun nach Bethlehem gehen und sehen, was geschehen ist, wie es uns der Herr verkündet hat. Und sie gingen eilends und fanden Maria und Josef, dazu das Kind in der Krippe liegen. Als sie es aber gesehen hatten, verbreiteten sie das Wort, das zu ihnen über dies Kind gesagt worden war. Und alle, vor die es kam, wunderten sich über die Worte, die ihnen die Hirten gesagt hatten. Maria aber behielt alle diese Worte und bewegte sie in ihrem Herzen. Und die Hirten kehrten zurück, priesen und lobten Gott für alles, was sie gehört und gesehen hatten, wie es zu ihnen gesagt war.

Und als acht Tag um waren und man das Kind beschneiden musste, gab man ihm den Namen Jesu, wie ihn der Engel genannt hatte, bevor das Kind im Mutterleib empfangen war.

Es schneit, hurra, es schneit

Wintergedichte

Die drei Spatzen

In einem leeren Haselstrauch
da sitzen drei Spatzen, Bauch an Bauch.

Der Erich rechts und links der Franz
und mittendrin der freche Hans.

Sie haben die Augen zu, ganz zu,
und obendrüber da schneit es, hu!

Sie rücken zusammen dicht an dicht.
So warm wie der Hans hat's niemand nicht.

Sie hör'n alle drei ihrer Herzlein Gepoch.
Und wenn sie nicht weg sind, so sitzen sie noch.

Christian Morgenstern

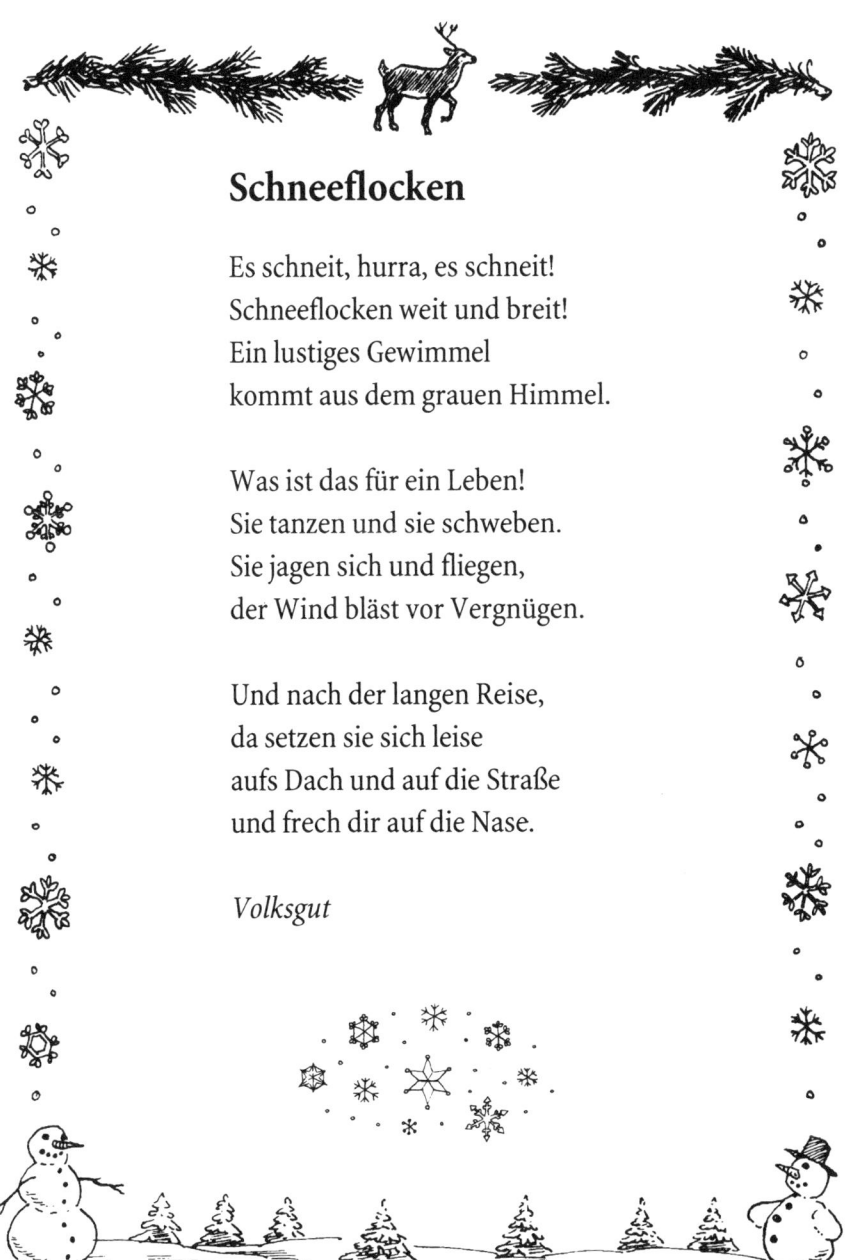

Schneeflocken

Es schneit, hurra, es schneit!
Schneeflocken weit und breit!
Ein lustiges Gewimmel
kommt aus dem grauen Himmel.

Was ist das für ein Leben!
Sie tanzen und sie schweben.
Sie jagen sich und fliegen,
der Wind bläst vor Vergnügen.

Und nach der langen Reise,
da setzen sie sich leise
aufs Dach und auf die Straße
und frech dir auf die Nase.

Volksgut

Das Feuer

Hörst du, wie die Flammen flüstern,
Knicken, knacken, krachen, knistern,
Wie das Feuer rauscht und saust,
Brodelt, brutzelt, brennt und braust?

Siehst du, wie die Flammen lecken,
Züngeln und die Zunge blecken,
Wie das Feuer tanzt und zuckt,
Trockne Hölzer schlingt und schluckt?

Riechst du wie die Flammen rauchen,
Brenzlig, brutzlig, brandig schmauchen,
Wie das Feuer, rot und schwarz,
Duftet, schmeckt nach Pech und Harz?

Fühlst du, wie die Flammen schwärmen,
Glut aushauchen, wohlig wärmen,
Wie das Feuer, flackrig-wild,
Dich in warme Wellen hüllt?

Hörst du, wie es leiser knackt?
Siehst du, wie es matter flackt?
Riechst du, wie der Rauch verzieht?
Fühlst du, wie die Wärme flieht?

Kleiner wird der Feuersbraus:
Ein letztes Knistern,
Ein feines Flüstern,
Ein schwaches Züngeln,
Ein dünnes Ringeln –
Aus.

James Krüss

Schneeflockentanz

Marie heißt eine Flocke
aus Schnee, sie ist sehr weiß.
»Kommt her, ihr andern Flocken,
wir bilden einen Kreis!«

Sophie heißt eine Flocke
aus Schnee, sie ist sehr kalt.
»Kommt, gebt mir eure Hände,
wir tanzen durch den Wald.«

Evi heißt eine Flocke,
aus Schnee, sie ist sehr fein.
»Darf ich mit euch tanzen?
Ich bin doch noch so klein.«

Sie tanzen durch die Wälder,
sie tanzen wild im Kreis,
doch plötzlich ruft Mariechen:
»Mir wird vom Tanz ganz heiß!«

Auch Sophie spürt die Wärme,
sie wird vor Schreck ganz bleich.
Evi hört auf zu tanzen.
»Paßt auf, wir schmelzen gleich.«

So ist mit jähem Ende
der Flocken Tanz dahin,
sie wären sonst geschmolzen,
und das gäb keinen Sinn.

Sarah Bosse

Schneezauber

Schneeverhangen die Tannen
Brechend unter der Wucht.
Nebel spinnen und spannen
Sich um Pfade und Schlucht.

Knackt ein Ast nur zuzeiten,
fern ein Vogelruf schallt;
Sonst kein Laut in den Weiten,
Im verzauberten Wald.

Lulu von Strauß und Torney

Die Frösche

Ein großer Teich war zugefroren.
Die Fröschlein, in der Tiefe verloren,
durften nicht ferner quaken noch springen,
versprachen sich aber im halben Traum:
fänden sie nur da oben Raum,
wie Nachtigallen wollten sie singen. –
Der Tauwind kam, das Eis zerschmolz;
nun ruderten sie und landeten stolz
und saßen am Ufer weit und breit
und quakten wie vor alter Zeit.

Johann Wolfgang Goethe

Winterfreuden

Es schneit, es schneit, es schneit,
hurra, hurra, es ist soweit.
Flocken weich wie dicker Reis
pudern Wald und Wiesen weiß.
Schnell, schnell, den Schlitten aus dem Schuppen
geht's über alle Hügelkuppen.

Es schneit, es schneit, es schneit,
hurra, hurra, es ist soweit.
Schneemann bauen macht viel Spaß,
sein Name ist Hans Möhrennas.
Daneben gleich – genauso rund –
die Schneefrau, -katze, -kind und -hund.

Es schneit, es schneit, es schneit,
hurra, hurra, es ist soweit.
Jetzt dunkelt's schon, es wird schon Nacht,
schnell noch eine Schneeballschlacht,
dann patschnaß und durchgefroren
geht's nach Haus mit kalten Ohren.

Herbert Paul

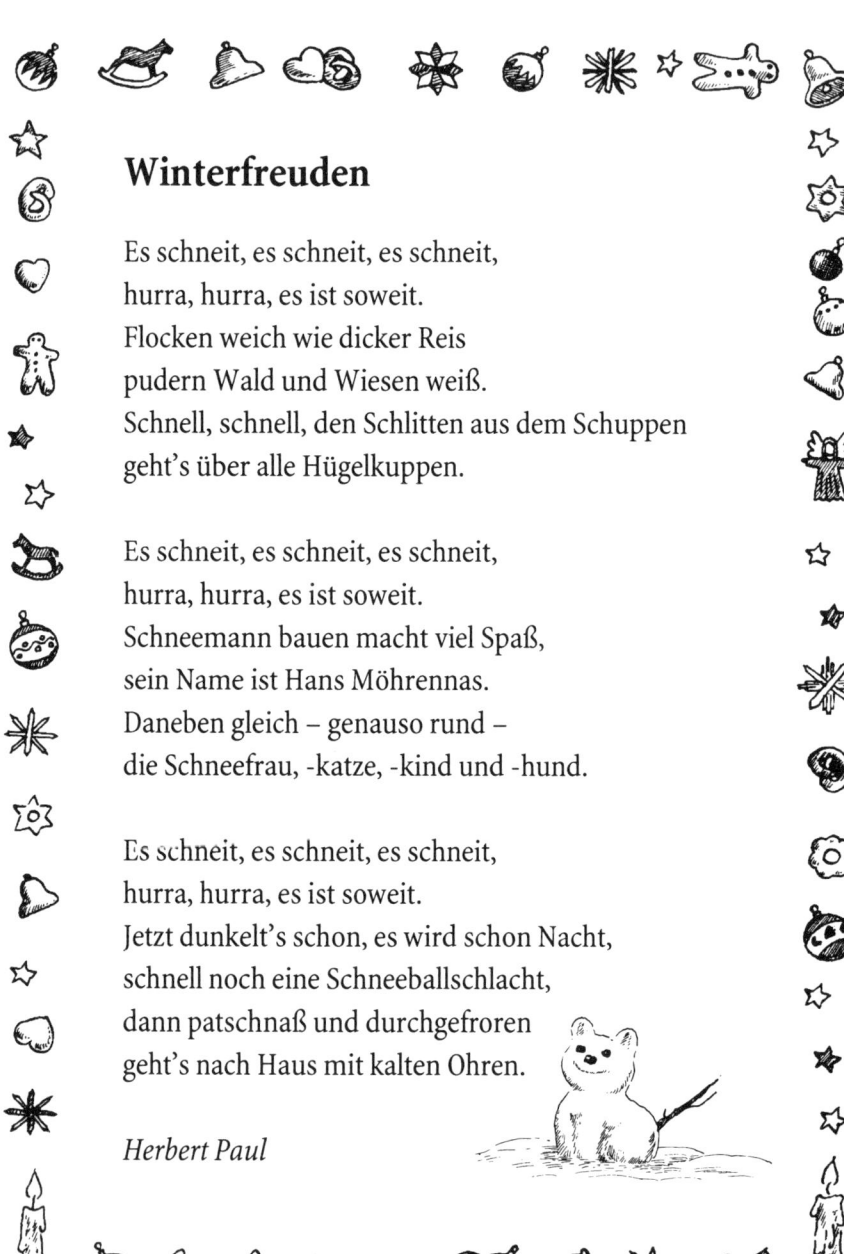

Holler,
boller,
Rumpelsack

Nikolausgedichte

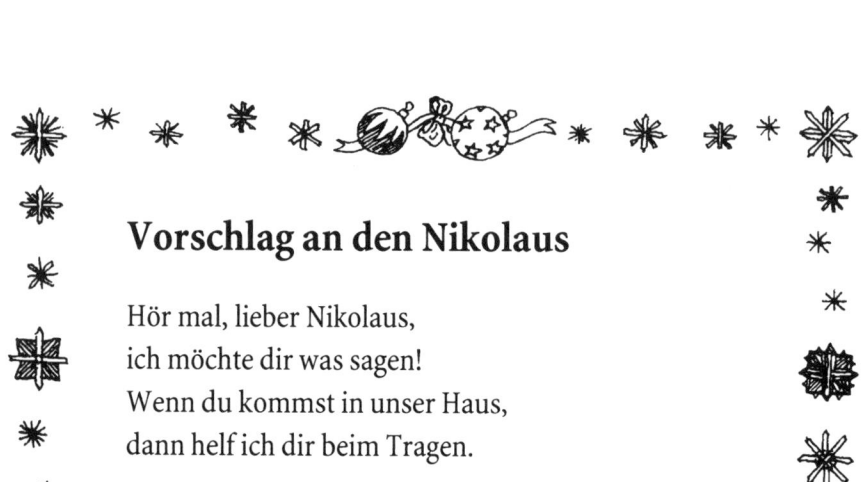

Vorschlag an den Nikolaus

Hör mal, lieber Nikolaus,
ich möchte dir was sagen!
Wenn du kommst in unser Haus,
dann helf ich dir beim Tragen.

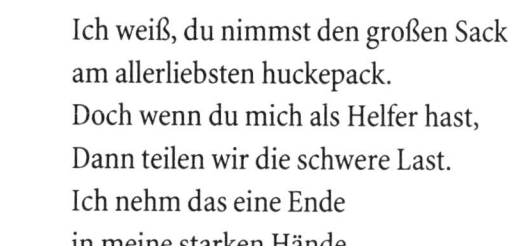

Ich weiß, du nimmst den großen Sack
am allerliebsten huckepack.
Doch wenn du mich als Helfer hast,
Dann teilen wir die schwere Last.
Ich nehm das eine Ende
in meine starken Hände.

Wir tragen alles rein ins Haus.
Du setzt dich in die Ecke
und ziehst dir deine Stiefel aus.
Ich hol dir noch 'ne Decke.

Ich deck dich damit leise zu
und laß dich unbedingt in Ruh.
Du mußt doch wirklich müde sein.
Drum mach ich jetzt auch ganz allein
den großen Sack zur Hälfte leer.
Dann hast du's nachher nicht so schwer.

Wenn du aufwachst, bring ich dir
schnell noch was zu trinken.
Du ziehst weiter, ich bleib hier.
Natürlich werd ich winken.

Ich seh, du trägst den großen Sack
nun ohne Mühe huckepack.
Die Füße tun dir nicht mehr weh.
Du stapfst ganz munter durch den Schnee.
Ach, Nikolaus, wie bin ich froh!
Das machen wir jetzt immer so.

Ingrid Uebe

95

Draußen weht es...

Draußen weht es bitter kalt,
wer kommt da durch den Winterwald?
Stipp-stapp, stipp-stapp und huckepack –
Knecht Ruprecht ist's mit seinem Sack.
Was ist denn in dem Sacke drin?
Äpfel, Mandeln und Rosin'
und schöne Zuckerrosen,
auch Pfeffernüss' fürs gute Kind;
die andern, die nicht artig sind,
klopft er auf die Hosen.

Martin Boelitz

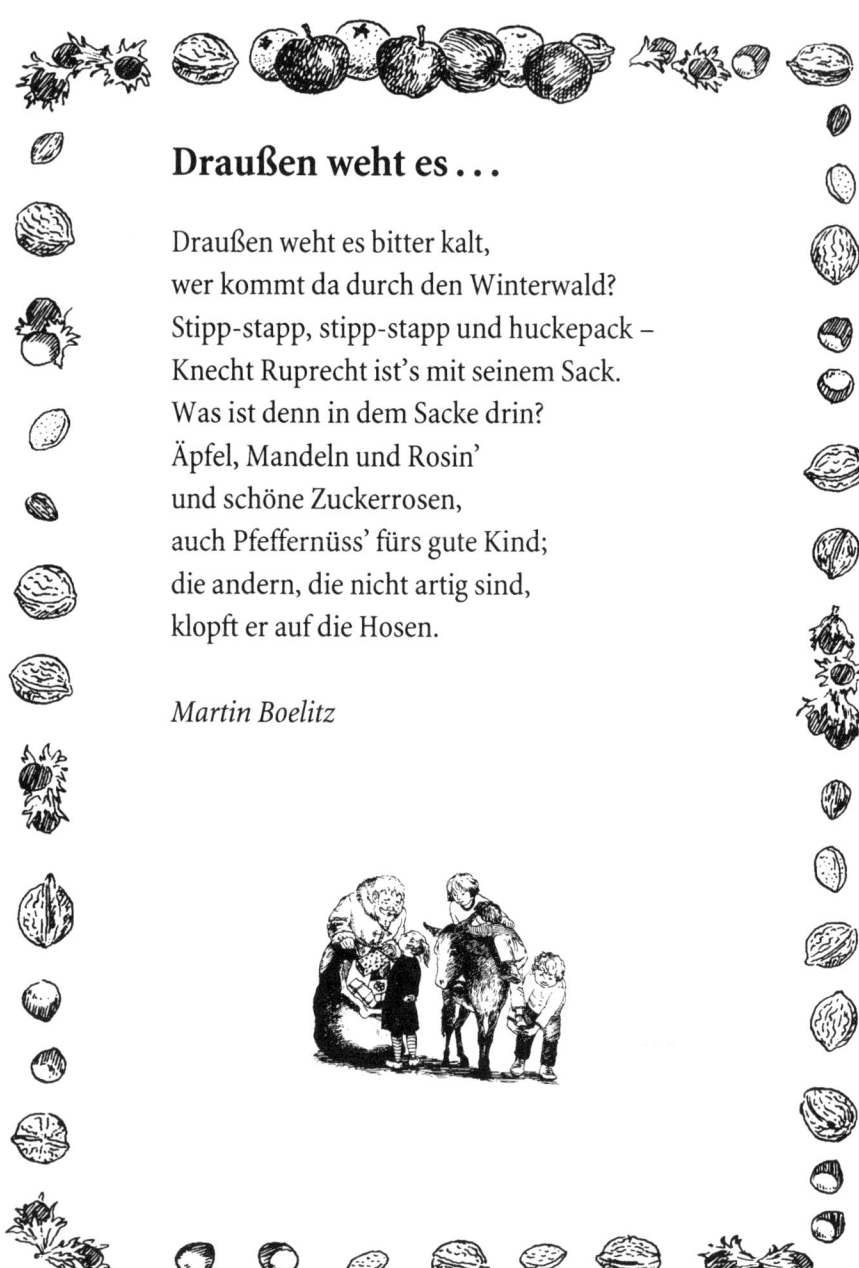

Nüsse knacken

Holler, boller, Rumpelsack,
Niklas trug sein Huckepack,
Weihnachtsnüsse, gelb und braun,
runzlig, punzlig anzuschaun.

Knackt die Schale, springt der Kern,
Weihnachtsnüsse eß ich gern.
Komm bald wieder in mein Haus,
alter, guter Nikolaus!

Albert Sergel

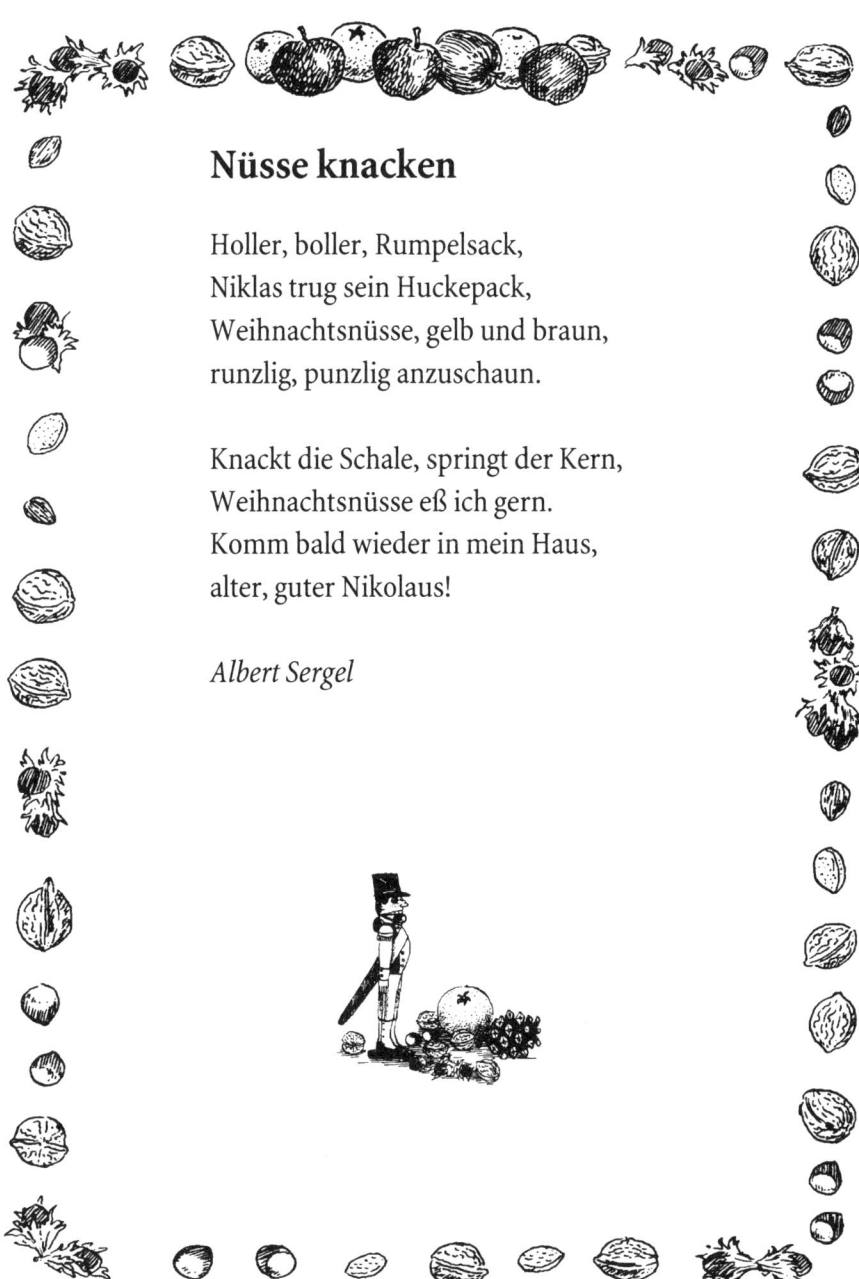

97

Wer hat Angst vorm Nikolaus?

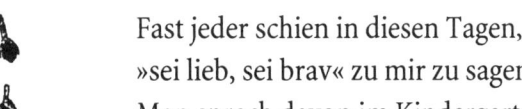

Fast jeder schien in diesen Tagen,
»sei lieb, sei brav« zu mir zu sagen.
Man sprach davon im Kindergarten:
»Du kannst schon langsam darauf warten!«
Auch warnte Onkel Willibald:
»Der Nikolaus, der kommt jetzt bald.«

»Warum denn bloß das ganze Getue,
der steckt doch nur Süßes in die Schuhe«,
dachte ich und grübelte lange:
»Warum ist allen vorm Nikolaus bange?
Der geht doch keinem an den Kragen . . .?!«
beschloß ich dann, ihn selbst zu fragen.

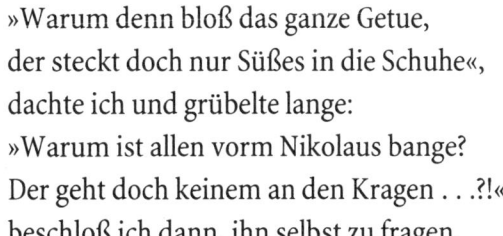

Dann stand er vor mir, rot und groß,
ich schluckte kurz und legte los:
»Nikolaus«, sprach ich fest und klar,
»mein langer Vortrag reimt sich zwar,
doch ein Lied ist's eher nicht,
und es ist auch kein Gedicht:

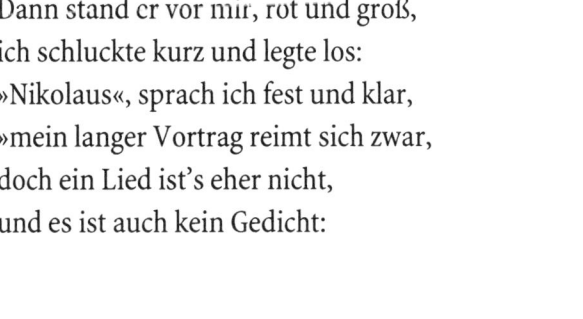

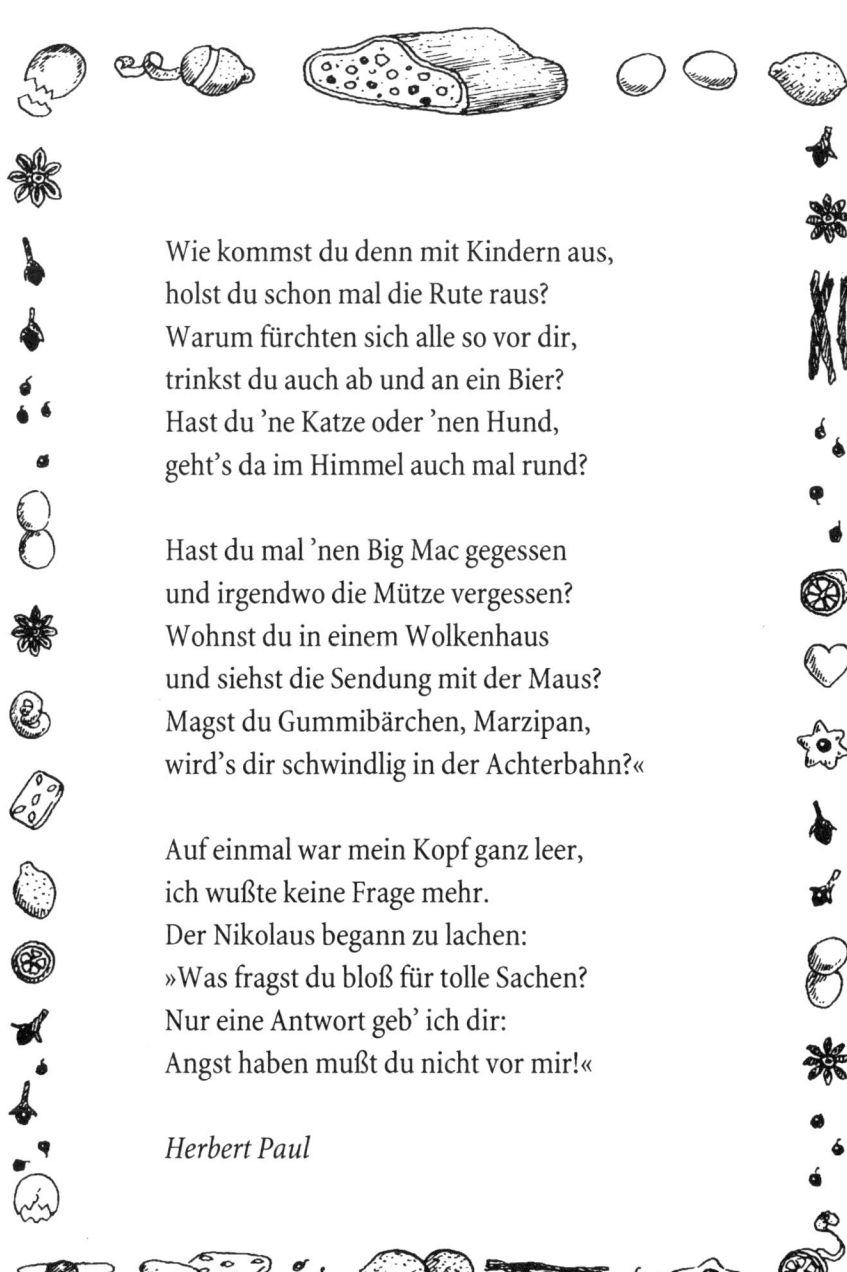

Wie kommst du denn mit Kindern aus,
holst du schon mal die Rute raus?
Warum fürchten sich alle so vor dir,
trinkst du auch ab und an ein Bier?
Hast du 'ne Katze oder 'nen Hund,
geht's da im Himmel auch mal rund?

Hast du mal 'nen Big Mac gegessen
und irgendwo die Mütze vergessen?
Wohnst du in einem Wolkenhaus
und siehst die Sendung mit der Maus?
Magst du Gummibärchen, Marzipan,
wird's dir schwindlig in der Achterbahn?«

Auf einmal war mein Kopf ganz leer,
ich wußte keine Frage mehr.
Der Nikolaus begann zu lachen:
»Was fragst du bloß für tolle Sachen?
Nur eine Antwort geb' ich dir:
Angst haben mußt du nicht vor mir!«

Herbert Paul

Er war da

Roter Mantel,
der Bart lang und weiß,
kommt er gegangen
ganz heimlich und leis.
Ein Rascheln.
Ein Wispern.
Ein Tuscheln.
Ein Knistern
tief in der Nacht.

Nikolaus hat
an uns alle
gedacht.

Elke Bräunling

Die traurige Geschichte vom Nikoläuschen

Am Sechsten kam zu uns ins Haus
der gute alte Nikolaus
und brachte für das kleine Kläuschen
ein rotbemütztes Nikoläuschen
und noch zehn bunte Zuckersterne.
Klaus mocht' den Nikolaus sehr gerne
und stellte ihn, dass er nicht friere,
gerade vor die Ofentüre.
»Hier«, dacht' er, »hat's mein Niklas fein!
Hier wird er sehr zufrieden sein!«
Dann ging er seine Sterne essen,
der Nikolaus war schnell vergessen . . .
Was glaubt ihr wohl, was nun geschah?
Bald stand nur noch die Hülle da,
und aus dem bunten Nikolaus
floß dicke braune Soße raus.
Die Hitze, die bekam ihm nicht,
sie schmolz ihm Körper und Gesicht.
Da schwamm er nun – ojemine –
in einem Schokoladensee!

Christel Süßmann

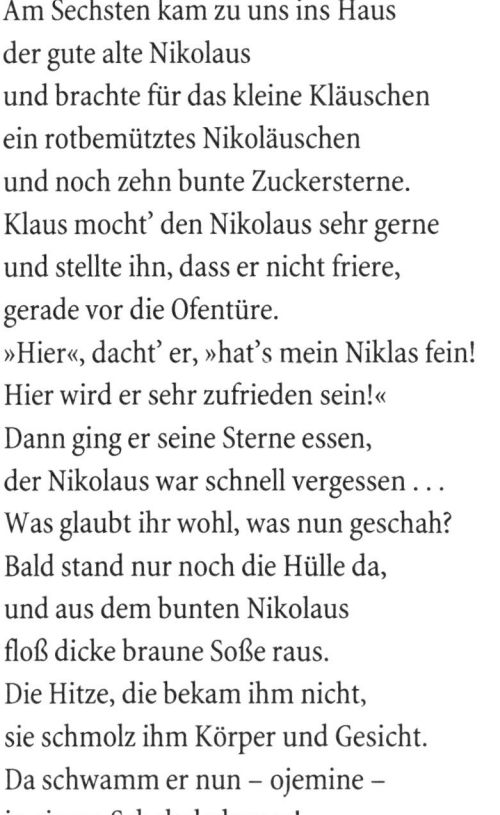

Knecht Ruprecht

Von drauß', vom Walde komm ich her;
Ich muß euch sagen, es weihnachtet sehr!
Allüberall auf den Tannenspitzen
Sah ich goldene Lichtlein sitzen;
Und droben aus dem Himmelstor
Sah mit großen Augen das Christkind hervor,
Und wie ich so strolcht' durch den finstern Tann,
Da rief's mich mit heller Stimme an:
»Knecht Ruprecht«, rief es, »alter Gesell,
Hebe die Beine und spute dich schnell!
Die Kerzen fangen zu brennen an,
Das Himmelstor ist aufgetan,
Alt' und Jung' sollen nun
Von der Jagd des Lebens einmal ruhn;
Und morgen flieg ich hinab zur Erden,
Denn es soll wieder Weihnachten werden!«
Ich sprach: »O lieber Herre Christ,
Meine Reise fast zu Ende ist;
Ich soll nur noch in diese Stadt,
Wo's eitel gute Kinder hat.«
»Hast denn das Säcklein auch bei dir?«
Ich sprach: »Das Säcklein, das ist hier:
Denn Äpfel, Nuß und Mandelkern

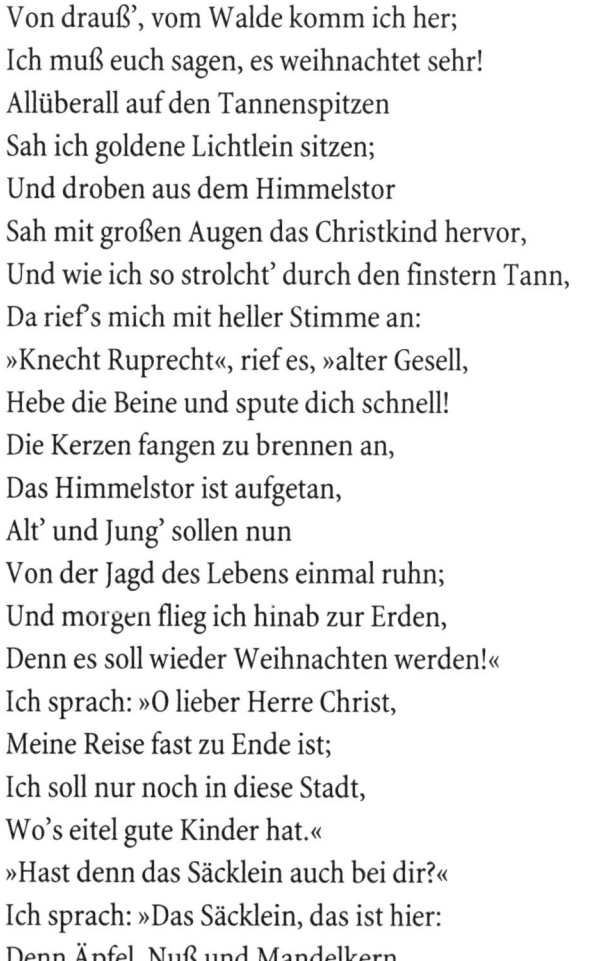

Fressen fromme Kinder gern.«
»Hast denn die Rute auch bei dir?«
Ich sprach: »Die Rute, die ist hier:
Doch für die Kinder nur, die schlechten,
Die trifft sie auf den Teil, den rechten.«
Christkindlein sprach: »So ist es recht;
So geh mit Gott, mein treuer Knecht!«

Von drauß', vom Walde komm ich her;
Ich muß euch sagen, es weihnachtet sehr!
Nun sprecht, wie ich's hierinnen find!
Sind's gute Kind', sind's böse Kind?

Theodor Storm

War das der Nikolaus?

Heut sah ich eine rote Mütze
morgens vor dem Fenster steh'n,
leise hört ich Stapfeschritte
eilig durch den Garten geh'n.

Mir war's, als ob ein Rotgewandter
leise durch mein Zimmer schlich.
Doch ich geb's zu, ich war sehr müde,
ich wußt' genau, ich irre mich.

Schon bald fiel ich in tiefsten Schlummer
und träumte wirr und bunt und kraus
und dachte auch, ich träum noch immer,
als vor mir stand der Nikolaus.

Ich wußt' nicht, was ich sagen sollte,
mir war's dabei auch einerlei,
denn ich sah gleich, der gute Rote
hatte für mich was dabei.

Ich weiß bis jetzt nicht, was es war,
ob Wirklichkeit oder ein Traum,
doch wenn ich schnupper, riech ich deutlich
den Duft von Zimt in meinem Raum.

Sarah Bosse

Nikolaus erzählt

Als ich auf den Kalender sah,
Rief ich: Ei, der verhexte!
Die Stiefel her! Die Zeit ist da!
Heut ist ja schon der Sechste!
Mein Schlitten brachte mich zum Pol
Und mein Mercedes Benz
Entlang die lange Küste wohl
Westskandinaviens.

Und als ich hinterher zu Schiff
Nach Deutschland reisen wollen,
Ein Mensch nach meinem Sacke griff:
Habn Sie was zu verzollen?
Da riß mir die Geduld geschwind,
Ich zog die Stirne kraus:
Mich kennt, du Schafskopf, jedes Kind.
Ich bin der Nikolaus.

Peter Hacks

Denkt euch – ich habe das Christkind gesehen!

Gedichte zur Advents- und Weihnachtszeit

Der Traum

Ich lag und schlief; da träumte mir
ein wunderschöner Traum:
Es stand auf unserm Tisch vor mir
ein hoher Weihnachtsbaum.

Und bunte Lichter ohne Zahl,
die brannten ringsumher;
die Zweige waren allzumal
von goldnen Äpfeln schwer.

Und Zuckerpuppen hingen dran;
das war mal eine Pracht!
Da gab's, was ich nur wünschen kann
und was mir Freude macht.

Und als ich nach dem Baume sah
und ganz verwundert stand,
nach einem Apfel griff ich da,
und alles, alles schwand.

Da wacht' ich auf aus meinem Traum,
und dunkel war's um mich.
Du lieber, schöner Weihnachtsbaum,
sag an, wo find' ich dich?

Da war es just, als rief er mir:
»Du darfst nur artig sein;
dann steh ich wiederum vor dir;
jetzt aber schlaf nur ein!

Und wenn du folgst und artig bist,
dann ist erfüllt dein Traum,
dann bringet dir der heil'ge Christ
den schönsten Weihnachtsbaum.«

Hoffmann von Fallersleben

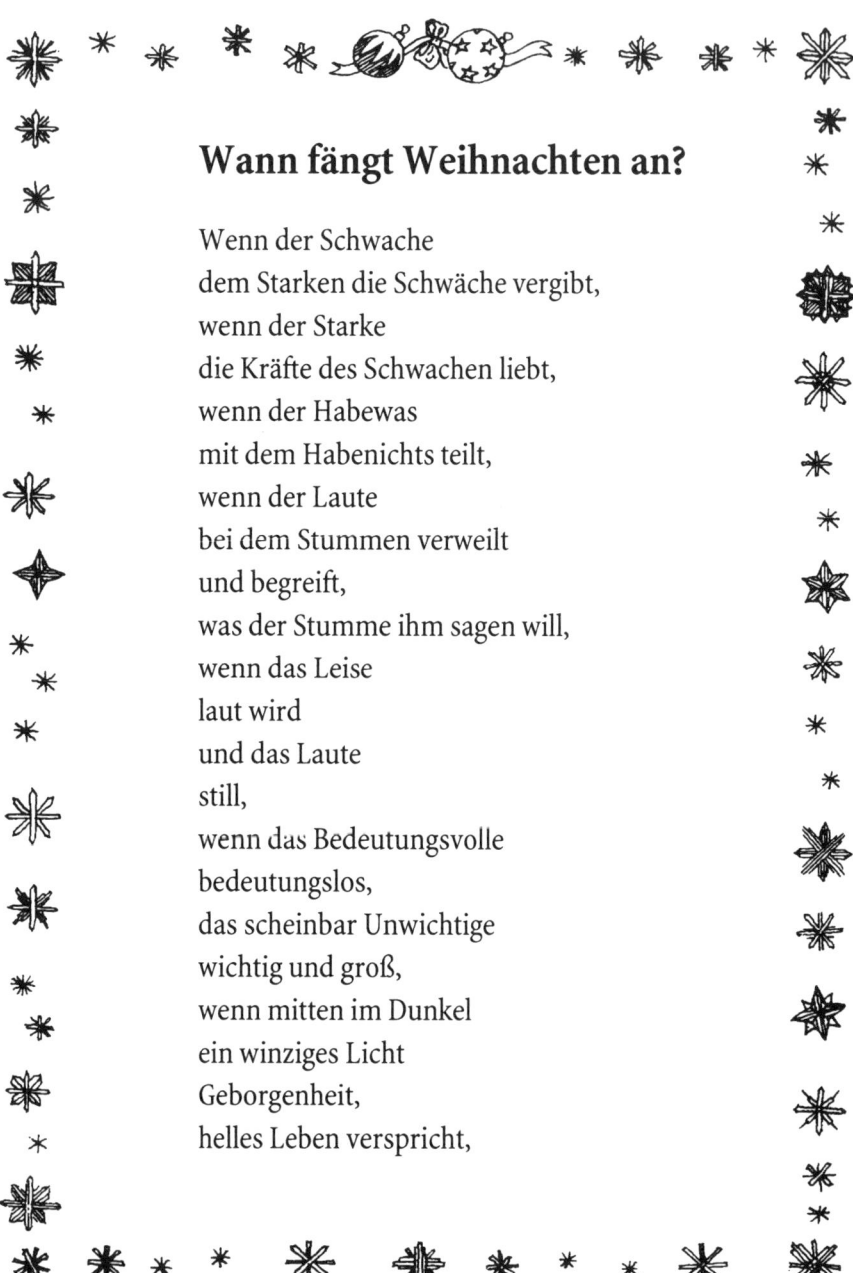

Wann fängt Weihnachten an?

Wenn der Schwache
dem Starken die Schwäche vergibt,
wenn der Starke
die Kräfte des Schwachen liebt,
wenn der Habewas
mit dem Habenichts teilt,
wenn der Laute
bei dem Stummen verweilt
und begreift,
was der Stumme ihm sagen will,
wenn das Leise
laut wird
und das Laute
still,
wenn das Bedeutungsvolle
bedeutungslos,
das scheinbar Unwichtige
wichtig und groß,
wenn mitten im Dunkel
ein winziges Licht
Geborgenheit,
helles Leben verspricht,

und du zögerst nicht,
sondern du
gehst,
so wie du bist,
drauf zu,
dann,
ja, dann
fängt Weihnachten an.

Rolf Krenzer

Weihnachtsnacht

Weht im Schnee ein Weihnachtslied
Leise über Stadt und Felder.
Sternenhimmel niedersieht.
Und der Winternebel zieht
Um die dunklen Tannenwälder.

Weht im Schnee ein Weihnachtsduft
Träumerisch durch dichte Flocken.
Füllt die schwere Winterluft.
Und aus weichen Wolken ruft
Sanft der Klang der Kirchenglocken.

Geht durch Schnee ein Weihnachtskind
Liebend über kalte Erde.
Geht dahin und lächelt lind.
Hoffend, daß wir gütig sind
Und die Menschheit besser werde.

Hilde Fürstenberg

112

Der Bratapfel

Kinder, kommt und ratet,
Was im Ofen bratet!
Hört, wie's knallt und zischt.
Bald wird er aufgetischt,
Der Zipfel, der Zapfel,
Der Kipfel, der Kapfel,
Der gelbrote Apfel.

Kinder, lauft schneller,
Holt einen Teller,
holt eine Gabel!
Sperrt auf den Schnabel
Für den Zipfel, den Zapfel,
Den Kipfel, den Kapfel,
Den goldbraunen Apfel!

Sie pusten und prusten,
Sie gucken und schlucken,
Sie schnalzen und schmecken,
Sie lecken und schlecken,
Den Zipfel, den Zapfel,
Den Kipfel, den Kapfel
Den knusprigen Apfel.

Volksgut

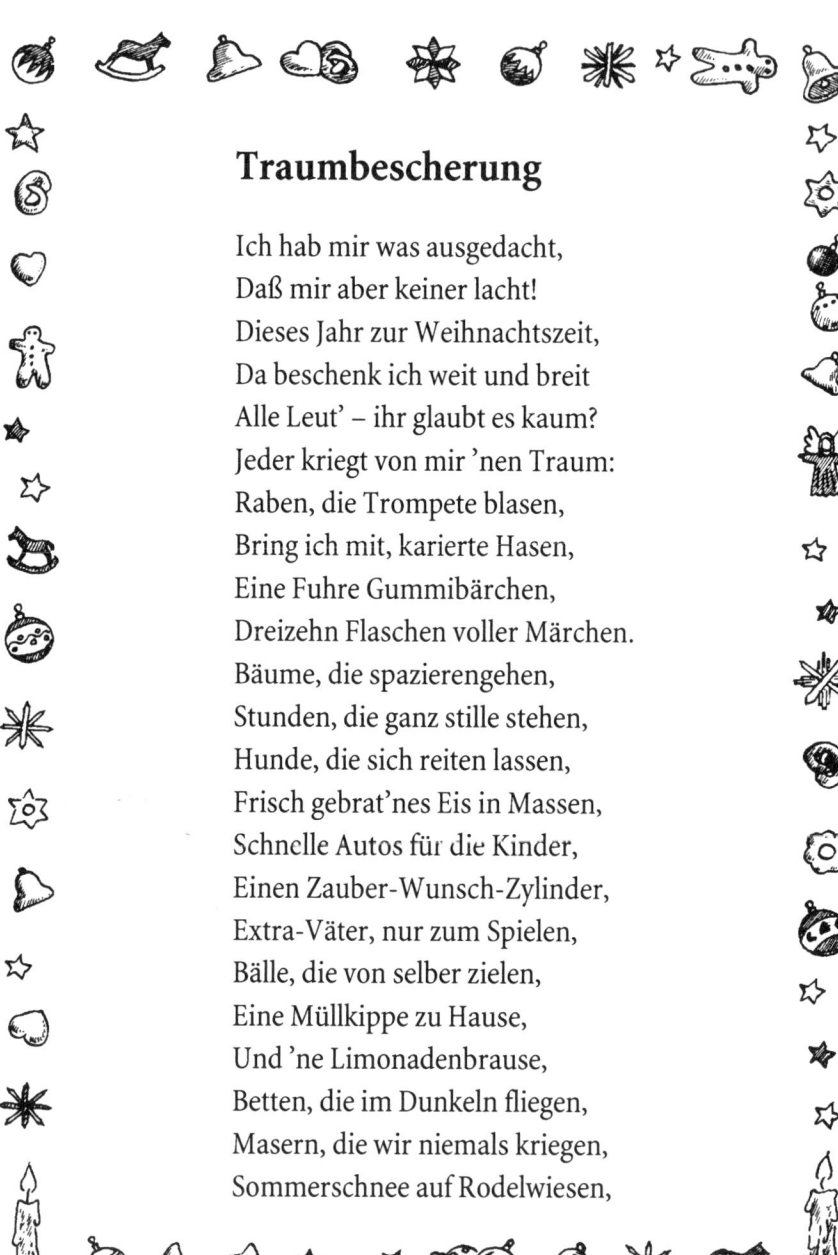

Traumbescherung

Ich hab mir was ausgedacht,
Daß mir aber keiner lacht!
Dieses Jahr zur Weihnachtszeit,
Da beschenk ich weit und breit
Alle Leut' – ihr glaubt es kaum?
Jeder kriegt von mir 'nen Traum:
Raben, die Trompete blasen,
Bring ich mit, karierte Hasen,
Eine Fuhre Gummibärchen,
Dreizehn Flaschen voller Märchen.
Bäume, die spazierengehen,
Stunden, die ganz stille stehen,
Hunde, die sich reiten lassen,
Frisch gebrat'nes Eis in Massen,
Schnelle Autos für die Kinder,
Einen Zauber-Wunsch-Zylinder,
Extra-Väter, nur zum Spielen,
Bälle, die von selber zielen,
Eine Müllkippe zu Hause,
Und 'ne Limonadenbrause,
Betten, die im Dunkeln fliegen,
Masern, die wir niemals kriegen,
Sommerschnee auf Rodelwiesen,

Aufblasbare bunte Riesen,
Feuerchen, die knisternd brennen,
Mütter, die nicht schimpfen können,
Badeseen an den Ecken,
Lutschbonbons so lang wie Stecken,
Schulen, nur zum Lachenlernen,
Flugzeugtaxis zu den Sternen,
Sofas, um drauf rumzuspringen,
Lieder, die sich selber singen,
Pulver zum Unsichtbarmachen,
Ein paar kleine, zahme Drachen,
Katzen, die auf Rollschuh'n rennen,
Morgenstunden zum Verpennen,
Wände, um sie anzumalen,
Nüsse ohne harte Schalen,
Einen Löwen zum Liebkosen,
Und statt Ärger rote Rosen.
Hier ist die Bescherung aus.
Sucht für euch das Beste raus!

Gina Ruck-Pauquèt

 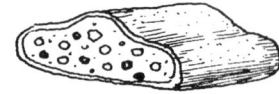 

Vorweihnachtstrubel

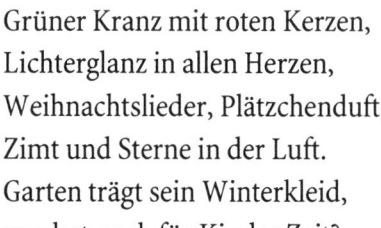

Grüner Kranz mit roten Kerzen,
Lichterglanz in allen Herzen,
Weihnachtslieder, Plätzchenduft,
Zimt und Sterne in der Luft.
Garten trägt sein Winterkleid,
wer hat noch für Kinder Zeit?

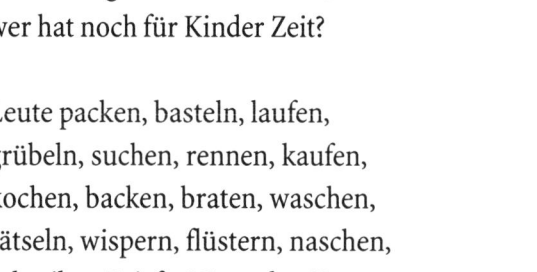

Leute packen, basteln, laufen,
grübeln, suchen, rennen, kaufen,
kochen, backen, braten, waschen,
rätseln, wispern, flüstern, naschen,
schreiben Briefe, Wünsche, Karten,
was sie auch von dir erwarten.

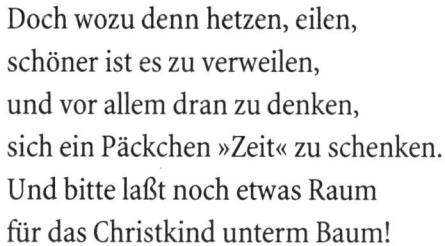

Doch wozu denn hetzen, eilen,
schöner ist es zu verweilen,
und vor allem dran zu denken,
sich ein Päckchen »Zeit« zu schenken.
Und bitte laßt noch etwas Raum
für das Christkind unterm Baum!

Ursel Scheffler

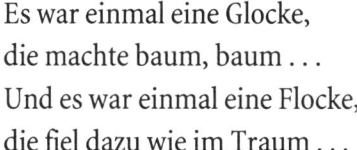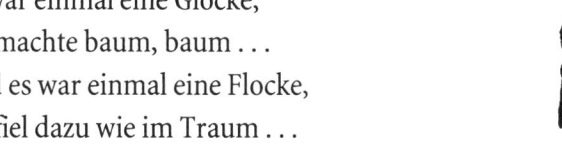

Es war einmal eine Glocke

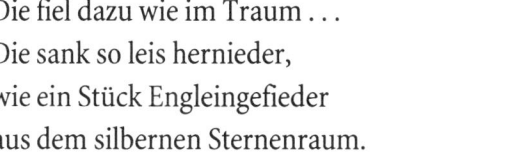

Es war einmal eine Glocke,
die machte baum, baum . . .
Und es war einmal eine Flocke,
die fiel dazu wie im Traum . . .

Die fiel dazu wie im Traum . . .
Die sank so leis hernieder,
wie ein Stück Engleingefieder
aus dem silbernen Sternenraum.

Es war einmal eine Glocke,
die machte baum, baum . . .
Und dazu fiel eine Flocke,
so leis als wie ein Traum . . .

So leis als wie ein Traum . . .
Und als vieltausend gefallen leis,
da war die ganze Erde weiß,
als wie vom Engleinflaum.

Da war die ganze Erde weiß,
als wie von Engleinflaum.

Christian Morgenstern

Tannengeflüster

Wenn die ersten Fröste knistern,
In dem Wald bei Bayrisch-Moos,
Geht ein Wispern und ein Flüstern
In den Tannenbäumen los,
Ein Gekicher und Gesumm
Ringsherum.

Eine Tanne lernt Gedichte,
Eine Lärche hört ihr zu.
Eine dicke, alte Fichte
Sagt verdrießlich: »Gebt doch Ruhe!
Kerzenlicht und Weihnachtszeit
Sind noch weit!«

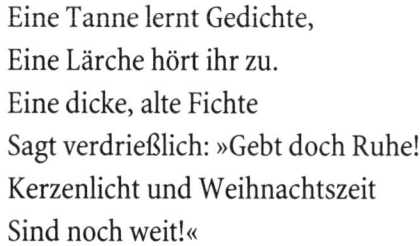

Vierundzwanzig lange Tage
Wird gekräuselt und gestutzt
Und das Wäldchen ohne Frage
Wunderhübsch herausgeputzt.
Wer noch fragt: »Wieso? Warum?«,
Der ist dumm.

Was das Flüstern hier bedeutet,
Weiß man selbst im Spatzennest:
Jeder Tannenbaum bereitet
Sich nun vor aufs Weihnachtsfest,
Denn ein Weihnachtsbaum zu sein:
Das ist fein!

James Krüss

Geschichte eines Pfefferkuchenmannes

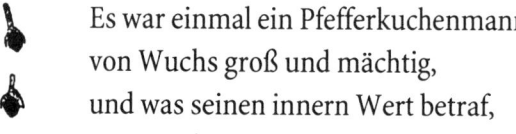

Es war einmal ein Pfefferkuchenmann,
von Wuchs groß und mächtig,
und was seinen innern Wert betraf,
so sagte der Bäcker »Prächtig.«

Auf dieses glänzende Zeugnis hin
erstand ihn der Onkel Heller
und stellte ihn seinem Patenkind,
dem Fritz, auf den Weihnachtsteller.

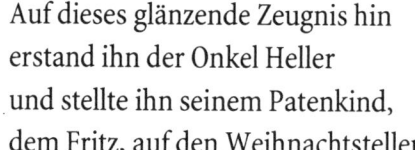

Doch kaum war mit dem Pfefferkuchenmann
der Fritz ins Gespräch gekommen,
da hatte er schon – aus Höflichkeit –
die Mütze ihm abgenommen.

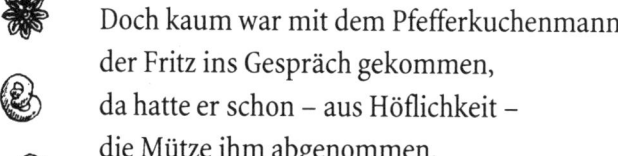

Als schlafen ging der Pfefferkuchenmann,
da bog er sich krumm vor Schmerze:
an der linken Seite fehlte fast ganz
sein stolzes Rosinenherze!

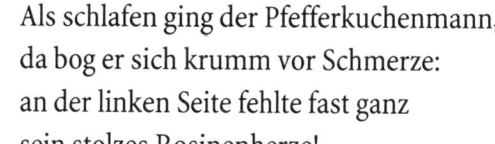

Als Fritz tags drauf den Pfefferkuchenmann
besuchte, ganz früh und alleine,
da fehlten, o Schreck, dem armen Kerl
ein Arm und schon beide Beine!

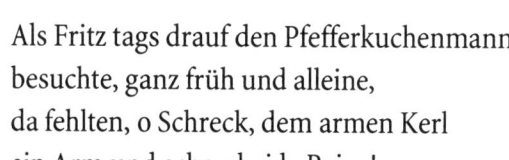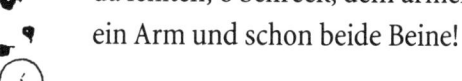

Und wo einst saß am Pfefferkuchenmann
die mächt'ge Habichtsnase,
da war ein Loch! Und er weinte still
eine bräunliche Sirupblase.

Von nun an nahm der Pfefferkuchenmann
ein reißendes, schreckliches Ende:
Das letzte Stückchen kam schließlich durch Tausch
in Schwester Margretchens Hände.

Die kochte als sorgliche Hausfrau draus
für ihre hungrige Puppe
auf ihrem neuen Spiritusherd
eine kräftige, leckere Suppe.

Und das geschah dem Pfefferkuchenmann,
den einst so viele bewundert
in seiner Schönheit bei Bäcker Schmidt,
im Jahre neunzehnhundert.

Jean Paul

Denkt euch . . .

Denkt euch – ich habe das Christkind gesehen!
Es kam aus dem Walde, das Mützchen voll Schnee,
mit rotgefrorenem Näschen.
Die kleinen Hände taten ihm weh;
denn es trug einen Sack, der war gar schwer,
schleppte und polterte hinter ihm her –
was drin war, möchtet ihr wissen?
Ihr Naseweise, ihr Schelmenpack –
meint ihr, er wäre offen, der Sack?
Zugebunden bis oben hin!
Doch war gewiß etwas Schönes drin:
Es roch so nach Äpfeln und Nüssen.

Anna Ritter

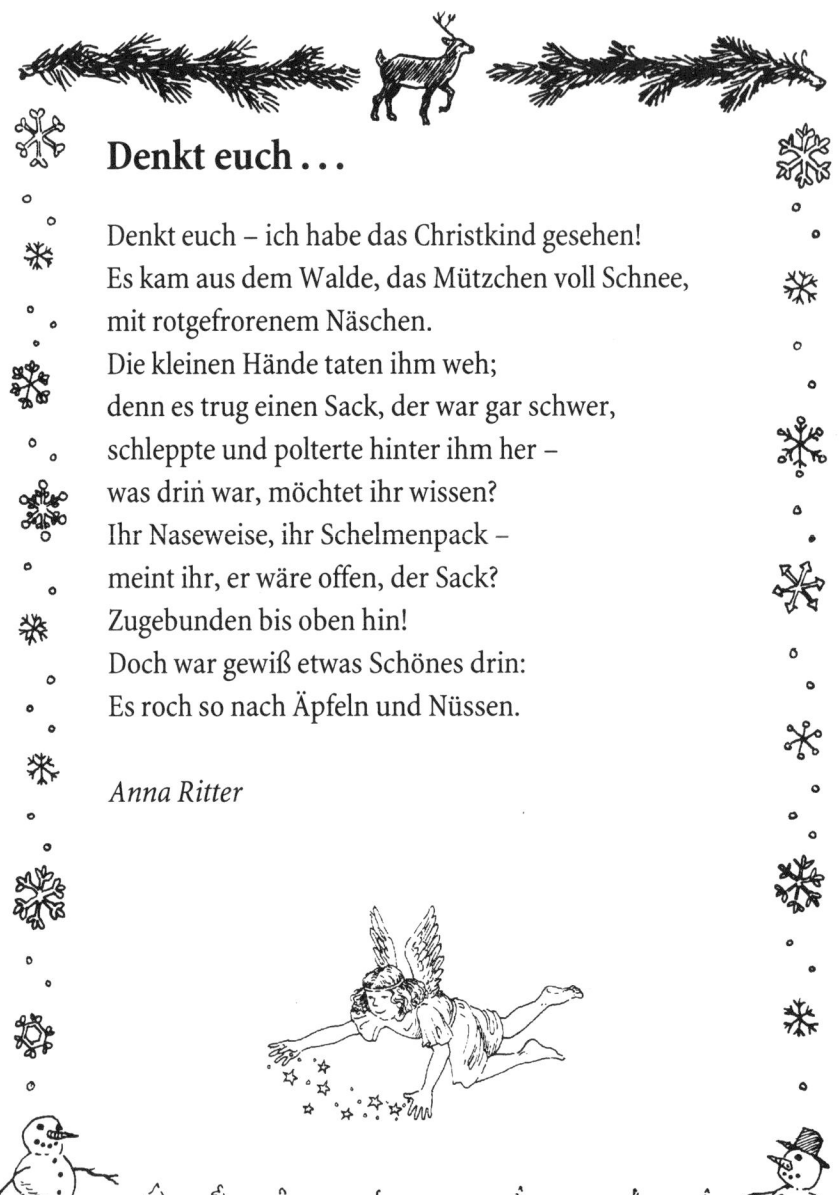

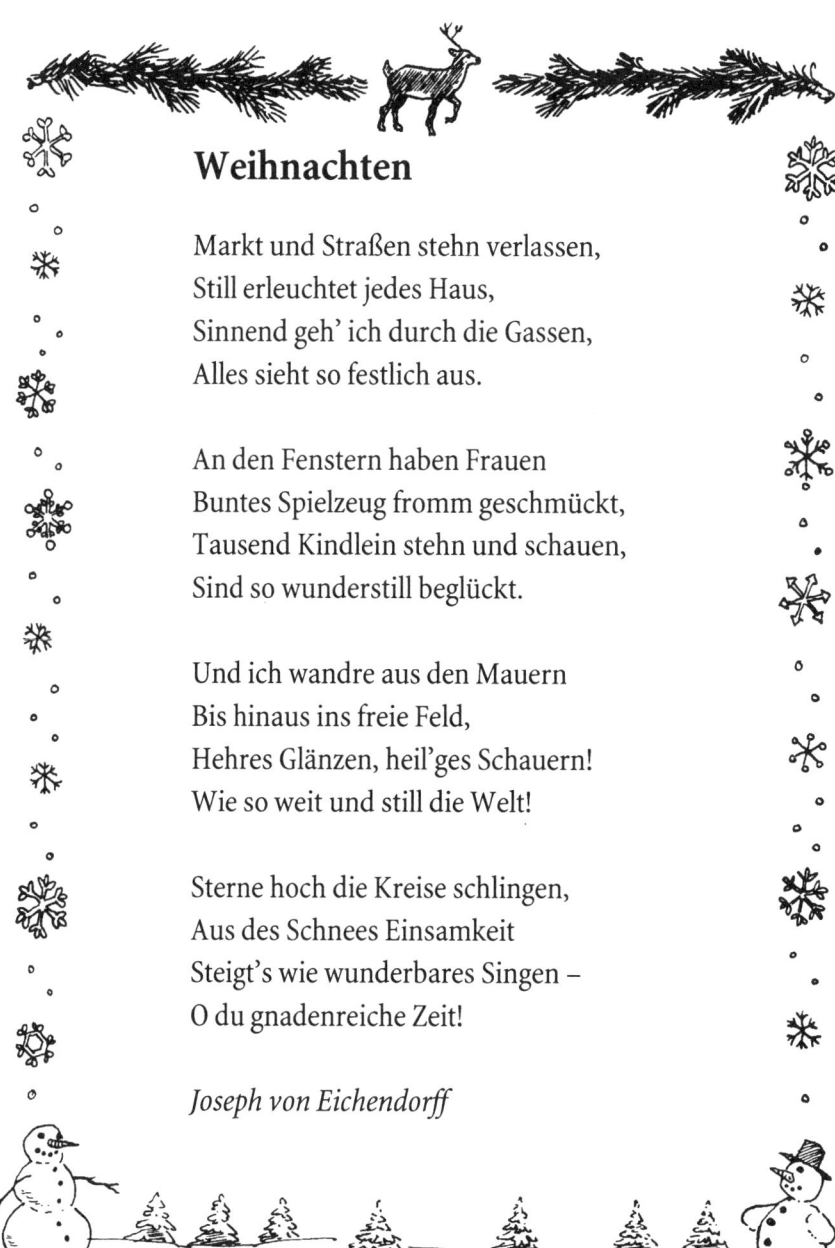

Weihnachten

Markt und Straßen stehn verlassen,
Still erleuchtet jedes Haus,
Sinnend geh' ich durch die Gassen,
Alles sieht so festlich aus.

An den Fenstern haben Frauen
Buntes Spielzeug fromm geschmückt,
Tausend Kindlein stehn und schauen,
Sind so wunderstill beglückt.

Und ich wandre aus den Mauern
Bis hinaus ins freie Feld,
Hehres Glänzen, heil'ges Schauern!
Wie so weit und still die Welt!

Sterne hoch die Kreise schlingen,
Aus des Schnees Einsamkeit
Steigt's wie wunderbares Singen –
O du gnadenreiche Zeit!

Joseph von Eichendorff

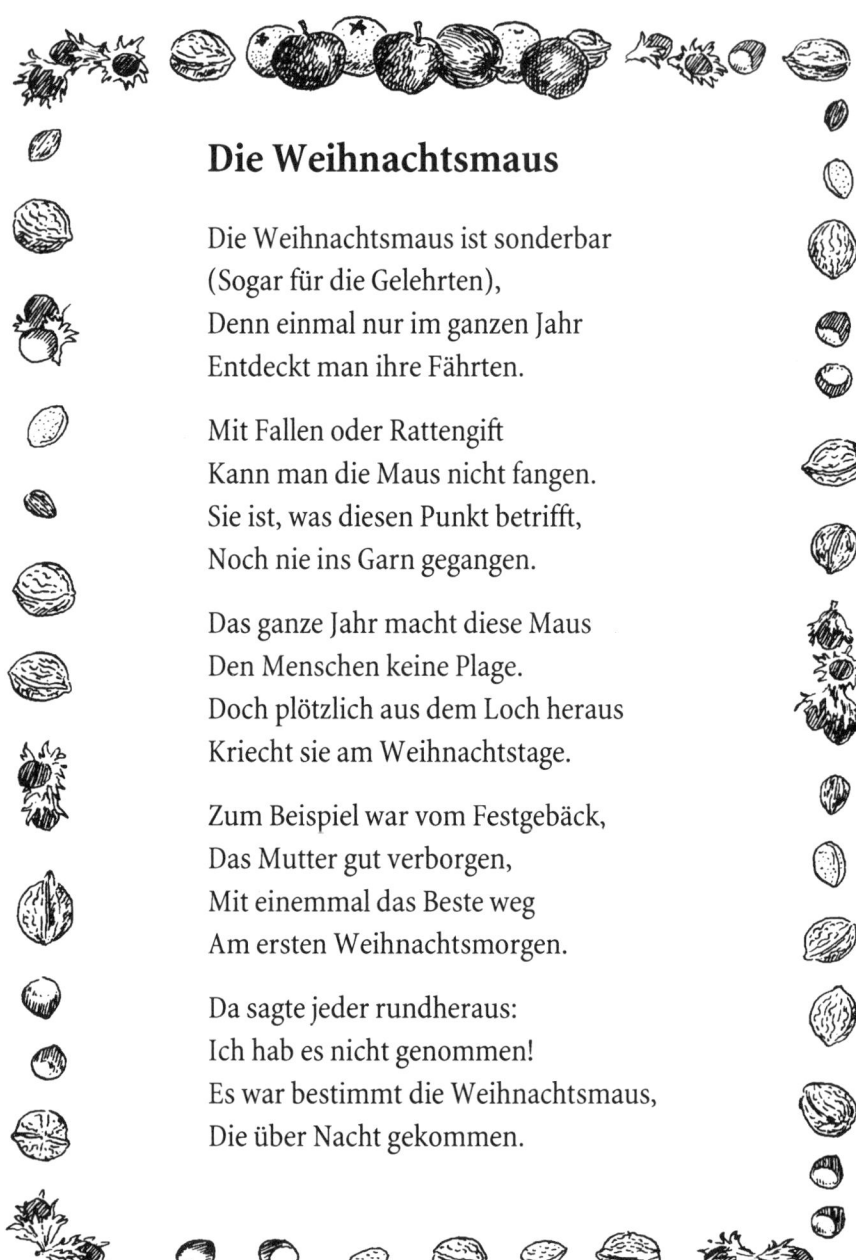

Die Weihnachtsmaus

Die Weihnachtsmaus ist sonderbar
(Sogar für die Gelehrten),
Denn einmal nur im ganzen Jahr
Entdeckt man ihre Fährten.

Mit Fallen oder Rattengift
Kann man die Maus nicht fangen.
Sie ist, was diesen Punkt betrifft,
Noch nie ins Garn gegangen.

Das ganze Jahr macht diese Maus
Den Menschen keine Plage.
Doch plötzlich aus dem Loch heraus
Kriecht sie am Weihnachtstage.

Zum Beispiel war vom Festgebäck,
Das Mutter gut verborgen,
Mit einemmal das Beste weg
Am ersten Weihnachtsmorgen.

Da sagte jeder rundheraus:
Ich hab es nicht genommen!
Es war bestimmt die Weihnachtsmaus,
Die über Nacht gekommen.

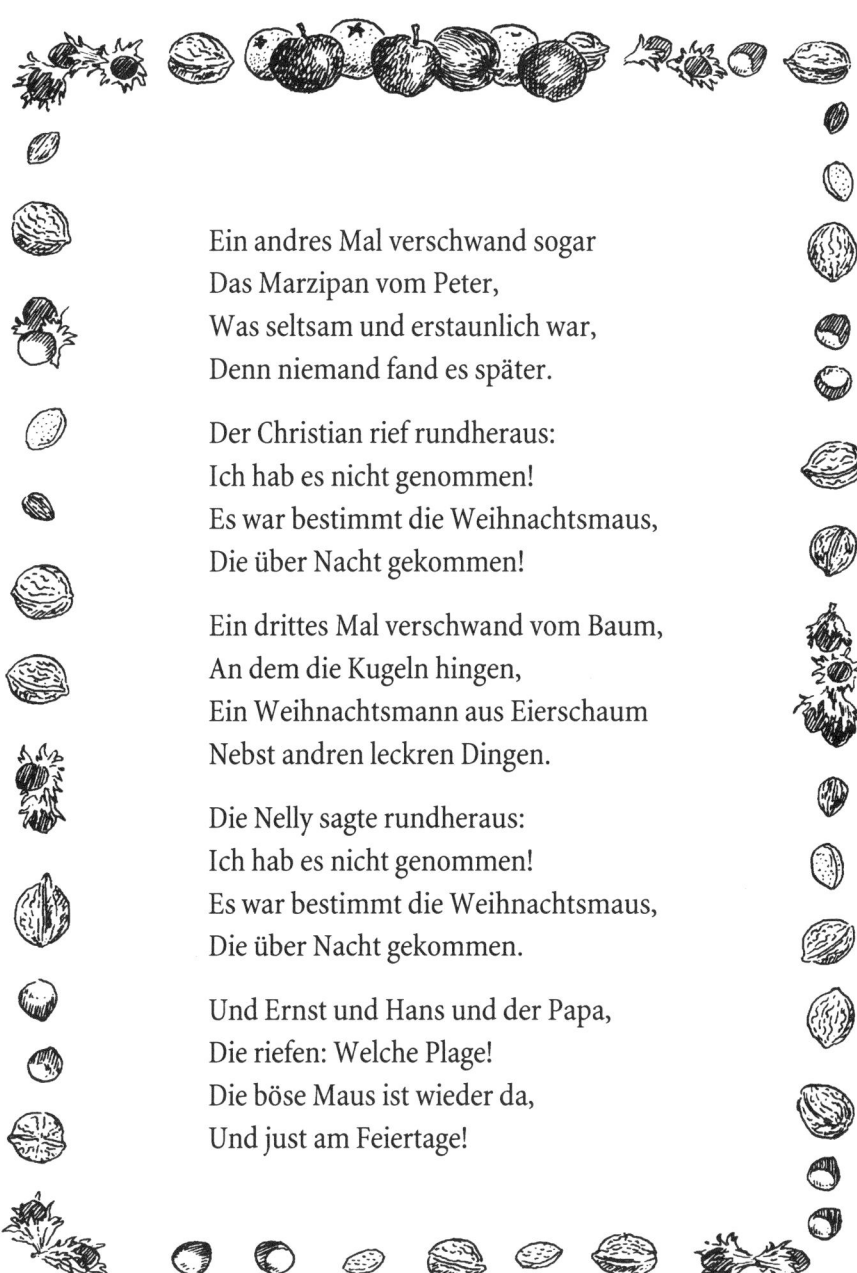

Ein andres Mal verschwand sogar
Das Marzipan vom Peter,
Was seltsam und erstaunlich war,
Denn niemand fand es später.

Der Christian rief rundheraus:
Ich hab es nicht genommen!
Es war bestimmt die Weihnachtsmaus,
Die über Nacht gekommen!

Ein drittes Mal verschwand vom Baum,
An dem die Kugeln hingen,
Ein Weihnachtsmann aus Eierschaum
Nebst andren leckren Dingen.

Die Nelly sagte rundheraus:
Ich hab es nicht genommen!
Es war bestimmt die Weihnachtsmaus,
Die über Nacht gekommen.

Und Ernst und Hans und der Papa,
Die riefen: Welche Plage!
Die böse Maus ist wieder da,
Und just am Feiertage!

125

Nur Mutter sprach kein Klagewort.
Sie sagte unumwunden:
Sind erst die Süßigkeiten fort,
Ist auch die Maus verschwunden!

Und wirklich wahr: die Maus bleibt weg,
Sobald der Baum geleert war,
Sobald das letzte Festgebäck
Gegessen und verzehrt war.

Sagt jemand nun, bei ihm zu Haus –
Bei Fränzchen oder Lieschen –
Da gäb' es keine Weihnachtsmaus,
Dann zweifle ich ein bißchen.

Doch sag ich nichts, was jemand kränkt!
Das könnte euch so passen!
Was man von Weihnachtsmäusen denkt,
Bleibt jedem überlassen!

James Krüss

126

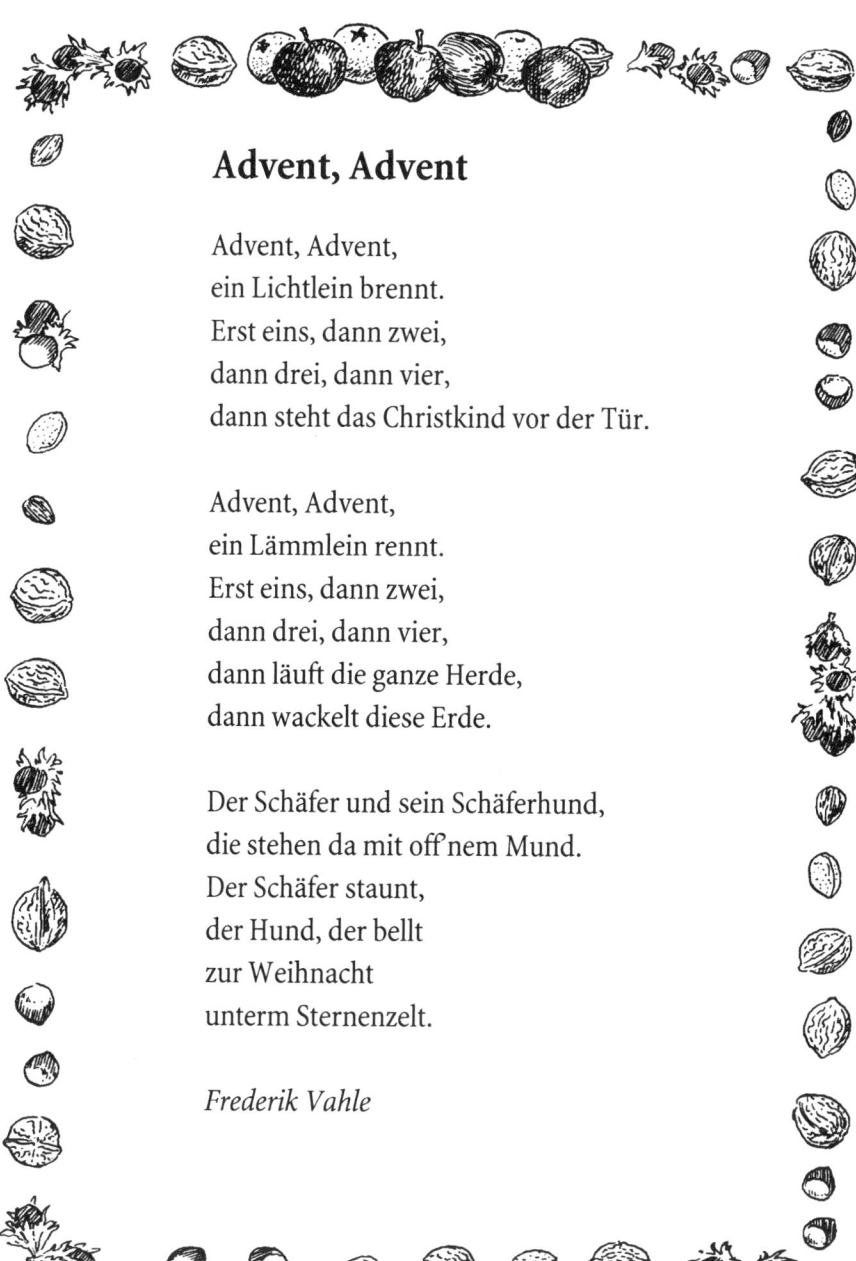

Advent, Advent

Advent, Advent,
ein Lichtlein brennt.
Erst eins, dann zwei,
dann drei, dann vier,
dann steht das Christkind vor der Tür.

Advent, Advent,
ein Lämmlein rennt.
Erst eins, dann zwei,
dann drei, dann vier,
dann läuft die ganze Herde,
dann wackelt diese Erde.

Der Schäfer und sein Schäferhund,
die stehen da mit off'nem Mund.
Der Schäfer staunt,
der Hund, der bellt
zur Weihnacht
unterm Sternenzelt.

Frederik Vahle

Weihnachtswünsche

Ich wünsche mir einen langen Tag
ganz ohne alle Uhren
und auch Erwachsene, die nicht
stets auf Termine luren.
Ich wünsch mir Papa mit viel Zeit
für mich und meine Fragen
und daß Erwachsene nicht so oft
nur jammern oder klagen.
Ich wünsch mir, daß man mich mal fragt,
warum ich manchmal weine.
Ich wünsch mir, daß man mir mal sagt:
»Ich mag dich, meine Kleine!«
Ich wünsch mir, daß man nicht stets mahnt,
»Nicht jetzt, denk doch an später!«
Ich wünsch mir, daß ich ich sein darf
und nicht ein »Man« und »Jeder«.
Ich wünsch mir Lehrer mit Humor
und solche, die gern lachen.
Daß ich nicht nur gescheit sein muß,
mal träumen darf im Wachen.
Frohe Gesichter um mich rum,
die nicht im Alter rosten.
Bekomm die Wünsche ich erfüllt?
Wohl kaum, weil sie nichts kosten.
Helmut Zöpfl

Still, still, still,
weil's Kindlein schlafen will

Gedichte über die Heilige Nacht

Weihnachtslied vom Eselchen

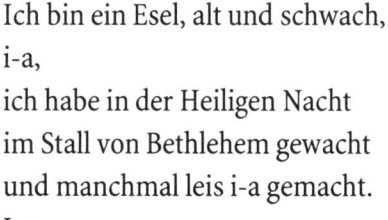

Ich bin ein Esel, alt und schwach,
i-a,
ich habe in der Heiligen Nacht
im Stall von Bethlehem gewacht
und manchmal leis i-a gemacht.
I-a.

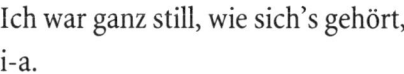

Ich war ganz still, wie sich's gehört,
i-a.
Nur manchmal schlug ich mit dem Steert,
und bei mir standen Ochs und Pferd,
und auch drei Könige, hochgelehrt.
I-a.

Das Christkind war so sonderbar,
i-a.
Es zupfte mich an Bart und Haar,
und einmal rupfte es sogar
am Bart von König Balthasar.
I-a.

130

Dem Joseph, dem gefällt das nicht,
i-a.
Mit ernstem Zimmermannsgesicht
sieht er das Kindlein an und spricht:
»An Königsbärten zupft man nicht!«
I-a.

Jedoch Maria, seine Frau,
i-a,
die sagte: »Lieber Joseph, schau:
Nimm's mit dem Kind nicht so genau!
Es ist ja noch nicht groß und schlau.«
I-a.

Und auch die Könige, alle drei,
i-a,
die fanden wirklich nichts dabei
und schenkten Myrrhe und Salbei
und rotes Gold dem Kind im Heu.
I-a.

Sie lachten alle drei im Chor,
i-a,
der Caspar und der Melchior
und Balthasar, das war ein Mohr,
der kam mir etwas dunkel vor.
I-a.

Ich bin ein Esel, alt und schwach,
i-a,
ich habe in der Heiligen Nacht
im Stall von Bethlehem gewacht
und manchmal leis i-a gemacht.
I-a.

James Krüss

Geboren ist das Kind zur Nacht

Geboren ist das Kind zur Nacht
für dich und mich und alle,
drum haben wir uns aufgemacht
nach Bethlehem zum Stalle.

Sei ohne Furcht, der Stern geht mit,
der Königsstern der Güte,
dem darfst du trauen, Schritt für Schritt,
daß er dich wohl behüte.

Und frage nicht und rate nicht,
was du dem Kind sollst schenken.
Mach nur dein Herz ein wenig licht,
ein wenig gut dein Denken,

mach deinen Stolz ein wenig klein,
und fröhlich mach dein Hoffen –
so trittst du mit den Hirten ein,
und sieh: die Tür steht offen.

Ursula Wölfel

So ward der Herr Jesus geboren

So ward der Herr Jesus geboren
im Stall bei der kalten Nacht.
Die Armen, die haben gefroren,
den Reichen war's warm gemacht.

Sein Vater ist Schreiner gewesen.
Die Mutter war eine Magd.
Sie haben kein Geld nicht besessen,
die haben sich wohl geplagt.

Kein Wirt hat ins Haus sie genommen.
Sie waren von Herzen froh,
daß sie noch in den Stall sind gekommen.
Sie legten das Kind auf Stroh.

Die Engel, die haben gesungen,
daß wohl ein Wunder geschehn.
Da kamen die Hirten gesprungen
und haben es angesehn.

Die Hirten, dic will es erbarmen,
wie elend das Kindlein sei.
Es ist eine Geschicht' für die Armen,
kein Reicher war nicht dabei.

Ludwig Thoma

Die Hirten

Es roch so warm nach den Schafen,
Da sind sie eingeschlafen.
O Wunder was geschah:
Es ist eine Helle gekommen,
Ein Engel stand da.

Sie haben sein Wort vernommen,
War schwer zu verstehen.
Sie mußten nach Bethlehem gehen
Und sehen.

Sie haben vor der Krippen
Aus runden Augen geschaut.
Sie stießen sich stumm die Rippen.
Einer hat sie gekraut,
Einer drückte sich gegen die Wand,
Einer schneuzte sich in die Hand
Und wischte sich über die Lippen.

Aber Iwan Akimitsch, der vorne stand,
Der den heimlichen Branntwein braut,
Iwan Akimitsch vom Wiesenrand,

Iwan Akimitsch hat sich endlich getraut,
Hat dreimal gespuckt,
Dreimal geschluckt,
Dann sagte er laut:

»Wir haben nicht immer gut getan.
Du liebes Kind,
Schau uns nur einmal freundlich an.
Geh, tu's geschwind.«

Da war ihnen leicht, sie wußten nicht wie,
Da fielen sie alle in die Knie,
Da lachte das Kind und segnete sie.
Josef lächelte und Marie.

Werner Bergengruen

Weihnachten – wie es wirklich war

War es so?
Maria kam gelaufen
Josef kam geritten
Das Jesuskindlein war glücklich
Der Ochse erglänzte
Der Esel jubelte
Der Stern schnaufte
Die himmlischen Heerscharen lagen in der Krippe
Die Hirten wackelten mit den Ohren
Die Heiligen Drei Könige beteten
Alle standen daneben

Oder so?
Maria lag in der Krippe
Josef erglänzte
Der Ochse war glücklich
Der Esel stand daneben
Der Stern jubelte
Die himmlischen Heerscharen kamen geritten
Die Hirten schnauften
Die Heiligen Drei Könige wackelten mit den Ohren
Alle beteten

Oder so?

Maria schnaufte

Josef betete

Das Jesuskindlein stand daneben

Der Ochse kam gelaufen

Der Esel kam geritten

Der Stern lag in der Krippe

Die himmlischen Heerscharen wackelten mit den Ohren

Die Hirten erglänzten

Die Heiligen Drei Könige waren glücklich

Alle jubelten

Oder so?

Maria jubelte

Josef war glücklich

Das Jesuskindlein wackelte mit den Ohren

Der Ochse lag in der Krippe

Der Esel erglänzte

Der Stern betete

Die himmlischen Heerscharen standen daneben

Die Hirten kamen geritten

Die Heiligen Drei Könige kamen gelaufen

Alle schnauften

Oder etwa so?
Maria betete
Josef stand daneben
Das Jesuskindlein lag in der Krippe
Der Ochse schnaufte
Der Esel wackelte mit den Ohren
Der Stern erglänzte
Die himmlischen Heerscharen jubelten
Die Hirten kamen gelaufen
Die Heiligen Drei Könige kamen geritten
Alle waren glücklich

Ja, so.

Franz Hohler

Lied vom Christkind

Ein Kind ganz ohne Obdach,
wie viele Kinder sind.
Und weht die ganze Nacht durch
ein bitterkalter Wind.

Kein Reicher war zugegen,
war'n lauter arme Leut',
und hatten in die Krippen
ein wenig Stroh gestreut.

Da hüpften doch die Flöhe,
und Wanzen war'n im Haus.
Das Kind liegt da und lächelt.
Wie hält es das nur aus?

Es will, daß alle Menschen
zu Menschen menschlich sind.
Und liegt in einer Krippen,
und weht ein kalter Wind.

Frederik Vahle

141

Still, still, still . . .

Still, still, still,
weil's Kindlein schlafen will.
Die Englein tun schön jubilieren,
bei dem Kindlein musizieren.
Still, still, still,
weil's Kindlein schlafen will.

Schlaf, schlaf, schlaf,
mein liebes Kindlein, schlaf!
Maria will dich niedersingen,
ihre keusche Brust darbringen.
Schlaf, schlaf, schlaf,
mein liebes Kindlein, schlaf.

Aus Salzburg

Weihnacht

Christkind ist da,
sangen die Engel im Kreise
über der Krippe
immerzu

Der Esel sagte leise
I a
und der Ochse sein Muh.

Der Herr der Welten
ließ alles gelten.
Es dürfen auch nahen
ich und du.

Josef Guggenmos

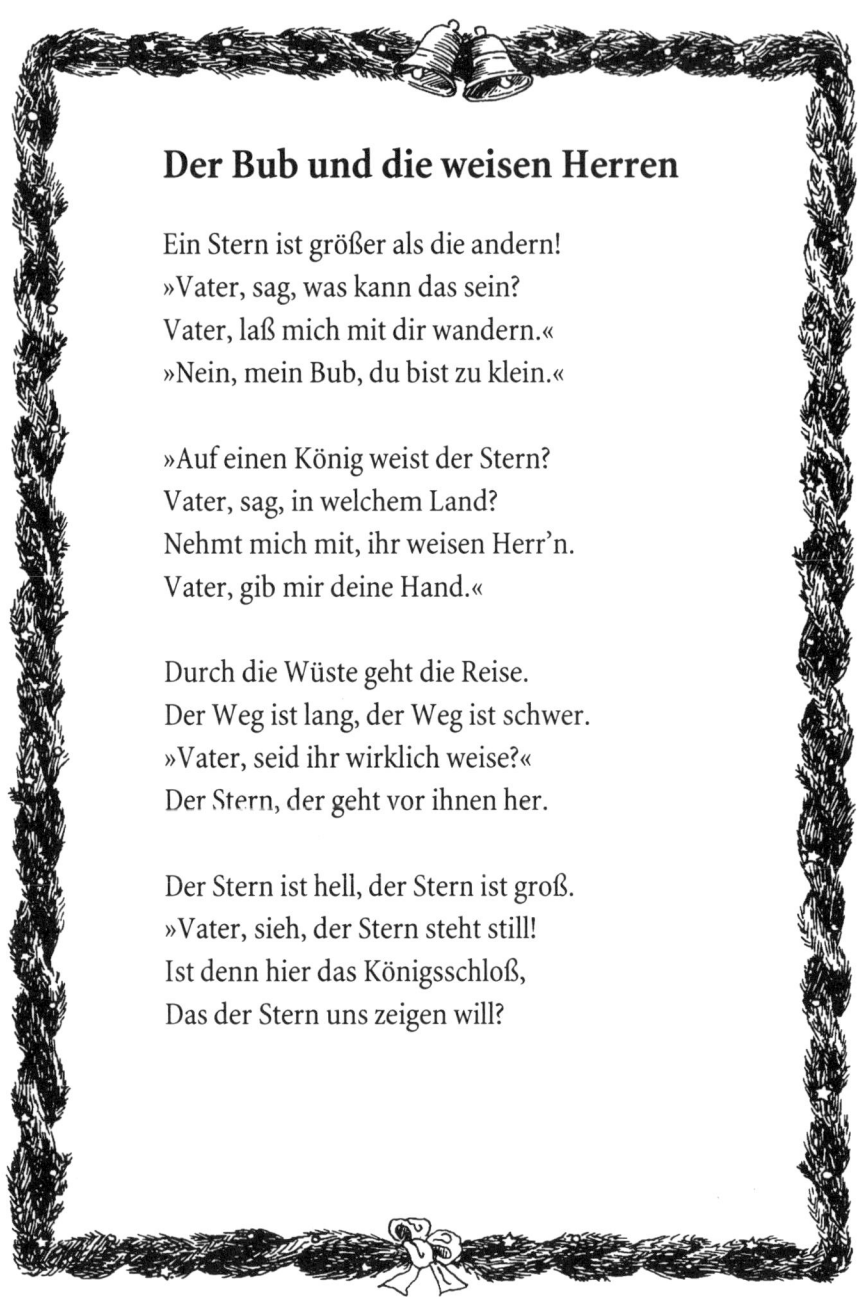

Der Bub und die weisen Herren

Ein Stern ist größer als die andern!
»Vater, sag, was kann das sein?
Vater, laß mich mit dir wandern.«
»Nein, mein Bub, du bist zu klein.«

»Auf einen König weist der Stern?
Vater, sag, in welchem Land?
Nehmt mich mit, ihr weisen Herr'n.
Vater, gib mir deine Hand.«

Durch die Wüste geht die Reise.
Der Weg ist lang, der Weg ist schwer.
»Vater, seid ihr wirklich weise?«
Der Stern, der geht vor ihnen her.

Der Stern ist hell, der Stern ist groß.
»Vater, sieh, der Stern steht still!
Ist denn hier das Königsschloß,
Das der Stern uns zeigen will?

Schau die Kuh, die schiefe Wand!
Durch die Ritzen pfeift der Wind.
Vater, gib mir deine Hand,
ist der König nur ein Kind?«

Bald zieh'n sie wieder in die Ferne.
Ihr Herz ist warm, ihr Herz ist froh.
Am Himmel leuchten kleine Sterne.
Und der König schläft auf Stroh.

Regine Schindler

Serbisches Volkslied

Unter einem Lindenbaum,
Hörst du, liebes Kind,
Steht ein Stall im Flockenfall,
Und es weht der Wind.

In dem Stalle, warm und klein,
Hörst du, liebes Kind,
Stehen um ein Kripplein fein
Esel, Pferd und Rind.

In dem Kripplein, weich und warm,
Hörst du, liebes Kind,
Liegt ein Knäblein wundersam,
Ist das Christuskind.

Vom Wunderstern
von dazumal

Dreikönigsgedichte

Drei Könige ziehen vorbei

Drei Könige kommen durchs Heilige Land,
der erste getragen, der zweite geritten,
der dritte gelaufen mit eiligen Schritten.
Wohin sie ziehen, ist nicht bekannt.

Drei Könige folgen dem riesigen Stern.
Der erste spricht nicht. Der zweite will schweigen.
Der dritte mag seine Gedanken nicht zeigen.
Doch sind sie stumm, so sind sie es gern.

Drei Könige bringen Geschenke mit.
Der erste bringt Weihrauch, der zweite Myrrhe,
der dritte goldene Ketten und Schnüre.
Und tragen sie schwer, so tun sie's zu dritt.

Drei Könige kommen und fragen nicht viel.
Sie ziehen vorbei und zieh'n in die Ferne,
vertrauen auf Gott und den Lauf seiner Sterne.
Und eines Tages sind sie am Ziel.

Ingrid Uebe

Hätt' einer auch
fast noch mehr Verstand

Hätt' einer auch fast noch mehr Verstand
Als die drei Weisen aus Morgenland
Und ließ sich dünken und wäre wohl nie
Dem Sternlein nachgereist wie sie,
Dennoch, wenn uns das Weihnachtsfest
Seine Lichtlein wonniglich scheinen läßt,
Fällt auch auf sein verständig Gesicht,
Er mag es merken oder nicht,
Ein freundlicher Strahl
Vom Wunderstern von dazumal.

Wilhelm Busch

Lied von den drei Königen

Da waren drei, die liefen los.
Sie kamen aus fernen Landen
und hatten einen mühsamen Weg,
bis sie nach Bethlehem fanden.

Der eine war schwarz und aus Afrika.
Der zweite war braun wie der Sand.
Der dritte, der war weiß und müd',
als er zu den anderen fand.

Weise und Sterngucker waren sie
und liefen durchs Land ganz allein.
Die Leute schüttelten den Kopf.
Was mag mit denen wohl sein?

Sie sagten: »Am Himmel, der neue Stern,
der deutet uns etwas auf Erden.
Der Mensch muß doch auf dieser Welt
schon froh und glücklich werden.«

Sie liefen durch heißen Wüstensand
mit Blasen an den Füßen
und kamen endlich nach Bethlehem,
das Kind dort zu begrüßen.

Das Kind hat nur geblinzelt,
das Kind war noch sehr klein.
Doch spürte es schon ein bißchen:
Das müssen wohl Könige sein.

Frederik Vahle

Die Heil'gen Drei Könige

Die Heil'gen Drei Kön'ge aus Morgenland,
sie frugen in jedem Städtchen:
»Wo geht der Weg nach Bethlehem,
ihr lieben Buben und Mädchen?«

Die Jungen und Alten, sie wußten es nicht,
die Könige zogen weiter,
sie folgten einem goldenen Stern,
der leuchtete lieblich und heiter.

Der Stern bleibt stehn über Josephs Haus,
da sind sie hineingegangen;
das Öchslein brüllte, das Kindlein schrie,
die Heil'gen Drei Könige sangen.

Heinrich Heine

Wir Heiligen Drei König'

Wir Heiligen Drei König', wir kommen von fern,
wir suchen den Heiland, den göttlichen Herrn.
Da steht vor uns ein leuchtender Stern,
er winkt uns gar freundlich, wir folgen ihm gern.
Er führt uns vorüber vorm Herodes sei'm Haus,
da schaut der falsch' König beim Fenster heraus.
Er winkt uns so freundlich: »O kommt doch herein,
ich will euch aufwarten mit Kuchen und Wein.«
»Wir können nicht weilen, wir müssen gleich fort,
wir müssen uns eilen nach Bethlehem Ort.
Es ward uns durch Gottheit die Kunde zuteil,
daß ein Kind ist geboren, das der Welt bringt das Heil.«
Wir kommen im Stall an, finden das Kind,
viel schöner und holder, als Engel es sind.
Wir knien uns nieder und beten es an,
o Herr, nimm die Gabe aus Dankbarkeit an:
Gold, Weihrauch und Myrrhen, das reichen wir dir,
führ du uns dann einstens in'n Himmel von hier!

Volksgut

Alle Jahre wieder

1. Al - le Jah-re wie-der kommt das Chri-stus-
kind auf die Er-de nie - der, —
wo wir Men - schen sind.

2. Kehrt mit seinem Segen
   ein in jedes Haus,
   geht auf allen Wegen
   mit uns ein und aus.

3. Steht auch mir zur Seite
   still und unerkannt,
   daß es treu mich leite
   an der lieben Hand.

155

Laßt uns froh und munter sein

1. Laßt uns froh und mun - ter sein

und uns in— dem Her - ren freun!

Lu - stig, lu - stig, tral-le-ral-le - ra,

bald ist Nik - laus - a - bend da,

bald ist Nik - laus - a - bend da.

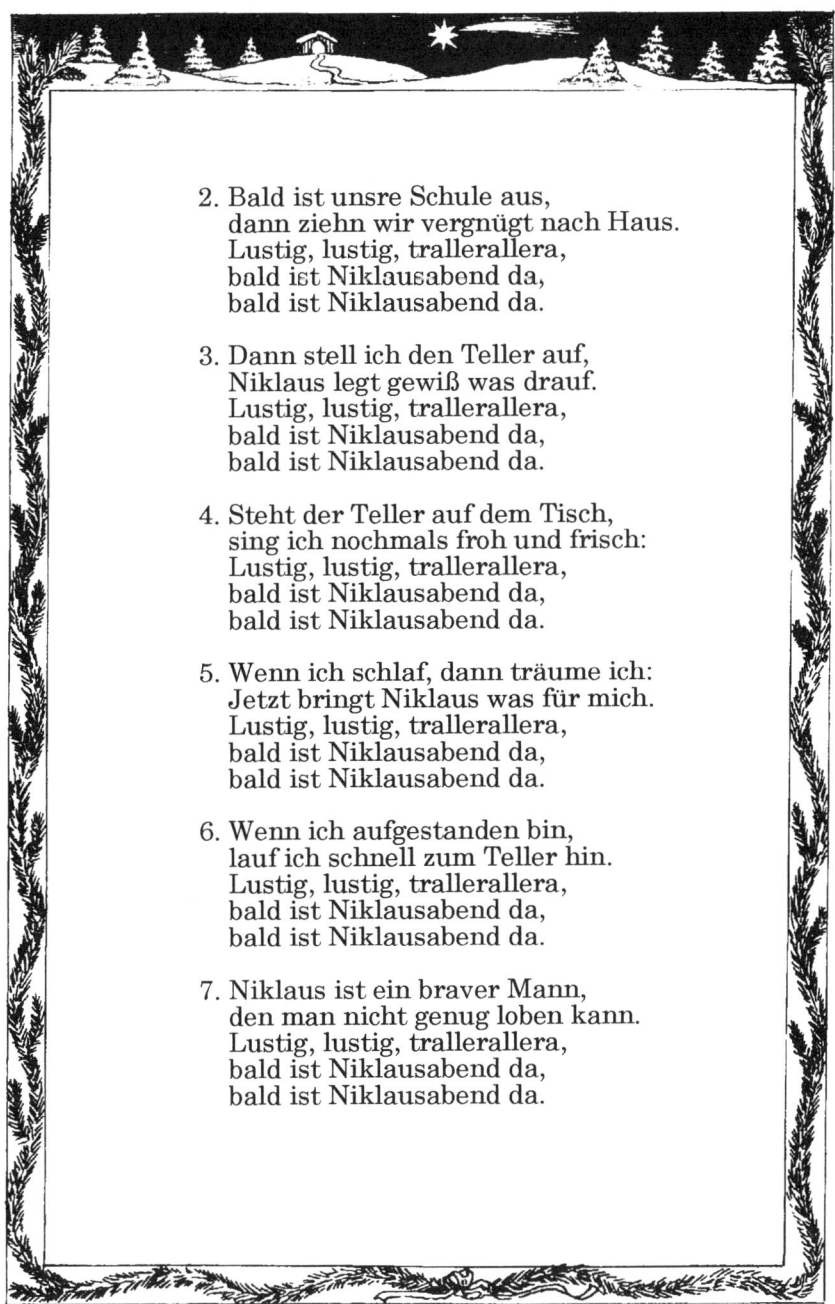

2. Bald ist unsre Schule aus,
   dann ziehn wir vergnügt nach Haus.
   Lustig, lustig, trallerallera,
   bald ist Niklausabend da,
   bald ist Niklausabend da.

3. Dann stell ich den Teller auf,
   Niklaus legt gewiß was drauf.
   Lustig, lustig, trallerallera,
   bald ist Niklausabend da,
   bald ist Niklausabend da.

4. Steht der Teller auf dem Tisch,
   sing ich nochmals froh und frisch:
   Lustig, lustig, trallerallera,
   bald ist Niklausabend da,
   bald ist Niklausabend da.

5. Wenn ich schlaf, dann träume ich:
   Jetzt bringt Niklaus was für mich.
   Lustig, lustig, trallerallera,
   bald ist Niklausabend da,
   bald ist Niklausabend da.

6. Wenn ich aufgestanden bin,
   lauf ich schnell zum Teller hin.
   Lustig, lustig, trallerallera,
   bald ist Niklausabend da,
   bald ist Niklausabend da.

7. Niklaus ist ein braver Mann,
   den man nicht genug loben kann.
   Lustig, lustig, trallerallera,
   bald ist Niklausabend da,
   bald ist Niklausabend da.

Morgen, Kinder, wird's was geben

1. Mor - gen, Kin - der, wird's was ge - ben,
mor - gen wer - den wir uns freun!
Welch ein Ju - bel, welch ein Le - ben
wird in un - serm Hau - se sein!
Ein - mal wer - den wir noch wach,
hei - ßa, dann ist Weih - nachts-tag!

2. Wie wird dann die Stube glänzen
von der großen Lichterzahl!
Schöner als bei frohen Tänzen
ein geputzter Kronensaal.
Wißt ihr noch, wie vor'ges Jahr
es am Heil'gen Abend war?

3. Wißt ihr noch mein Räderpferdchen,
Malchens nette Schäferin,
Jettchens Küche mit dem Herdchen
und dem blankgeputzten Zinn?
Heinrichs bunten Harlekin
mit der gelben Violin?

Es kommt ein Schiff geladen

Dm	A	Dm	Am

1. Es kommt ein Schiff ge - la - den bis

Gm		F	F	B

an sein höch-sten Bord, trägt Got-tes Sohn voll

F	C⁷	F	C⁷	Dm	A⁷	Dm

Gna - den, des Va-ters e - wigs Wort.

2. Das Schiff geht still im Triebe,
   es trägt ein teure Last;
   das Segel ist die Liebe,
   der Heilig Geist der Mast.

3. Der Anker haft' auf Erden,
   da ist das Schiff am Land.
   Das Wort tut Fleisch uns werden,
   der Sohn ist uns gesandt.

4. Zu Bethlehem geboren
   im Stall ein Kindelein,
   gibt sich für uns verloren;
   gelobet muß es sein.

Morgen kommt der Weihnachtsmann

1. Mor - gen kommt der Weih-nachts-mann,

kommt mit sei - nen Ga - ben.

Bun - te Lich - ter, Sil - ber - zier,

Kind mit Krip - pe, Schaf und Stier,

Zot - tel - bär und Pan - ther - tier

möcht ich ger - ne ha - ben.

2. Doch du weißt ja unsern Wunsch,
   kennst ja unsre Herzen.
   Kinder, Vater und Mama,
   auch sogar der Großpapa,
   alle, alle sind wir da,
   warten dein mit Schmerzen.

Maria durch ein
Dornwald ging

1. Ma - ri - a durch ein Dorn-wald ging,
Ky - rie - e - lei - son, Ma - ri - a durch ein
Dorn - wald ging, der__ hat in sieb'n Jahr kein
Laub ge-tra-gen Je - sus und Ma - ri - a.

2. Was trug Maria unter ihrem Herzen,
   Kyrie eleison,
   ein kleines Kindlein ohne Schmerzen,
   das trug Maria unter ihrem Herzen.
   Jesus und Maria.

3. Da haben die Dornen Rosen getragen,
   Kyrie eleison,
   als das Kindlein durch den Wald getragen,
   da haben die Dornen Rosen getragen.
   Jesus und Maria.

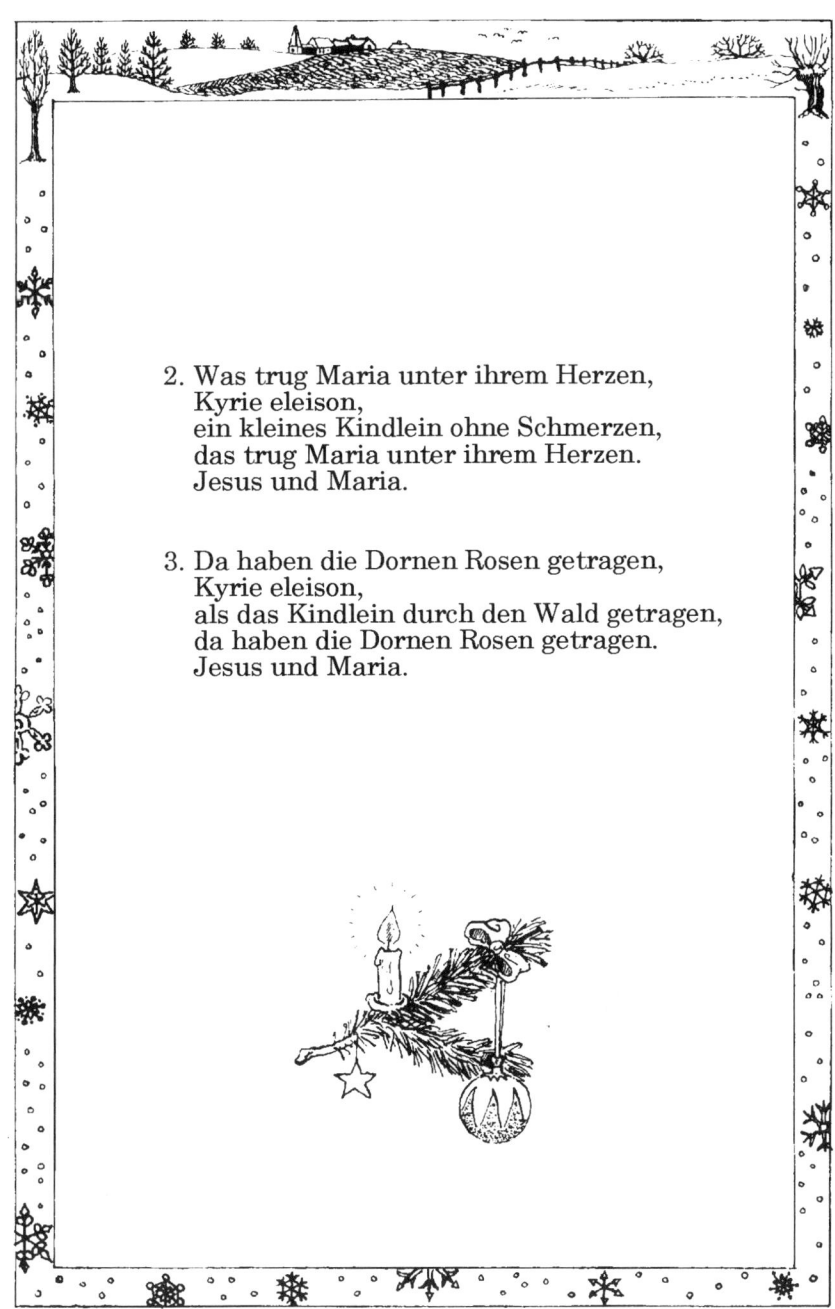

O du fröhliche

1. O du fröh-li - che,— o du se - li - ge,—
gna -den - brin - gen-de Weih-nachts - zeit!
Welt— ging ver - lo — ren,
Christ— ist ge - bo — ren:
Freu - e, freu-e dich, o Chri -sten - heit!

2. O du fröhliche,
 o du selige,
 gnadenbringende Weihnachtszeit!
 Christ ist erschienen,
 uns zu versühnen:
 Freue, freue dich, o Christenheit!

3. O du fröhliche,
 o du selige,
 gnadenbringende Weihnachtszeit!
 Himmlische Heere
 jauchzen dir Ehre:
 Freue, freue dich, o Christenheit!

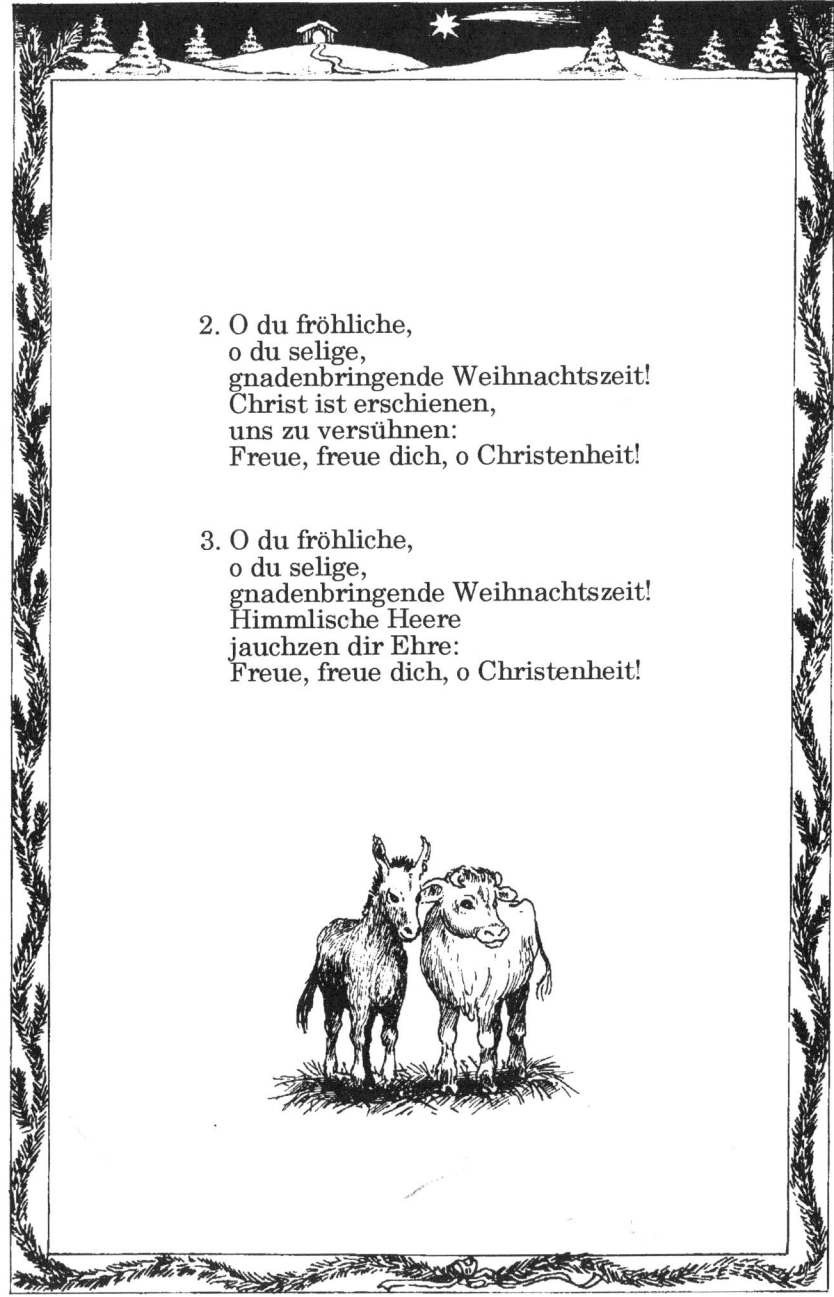

Ihr Kinderlein, kommet

1. Ihr Kin - der-lein, kom-met, o kom-met doch all! Zur Krip - pe her - kom - met in Beth - le-hems Stall und seht, was in die - ser hoch - hei - li - gen Nacht der Va - ter im Him- mel für Freu - de uns macht.

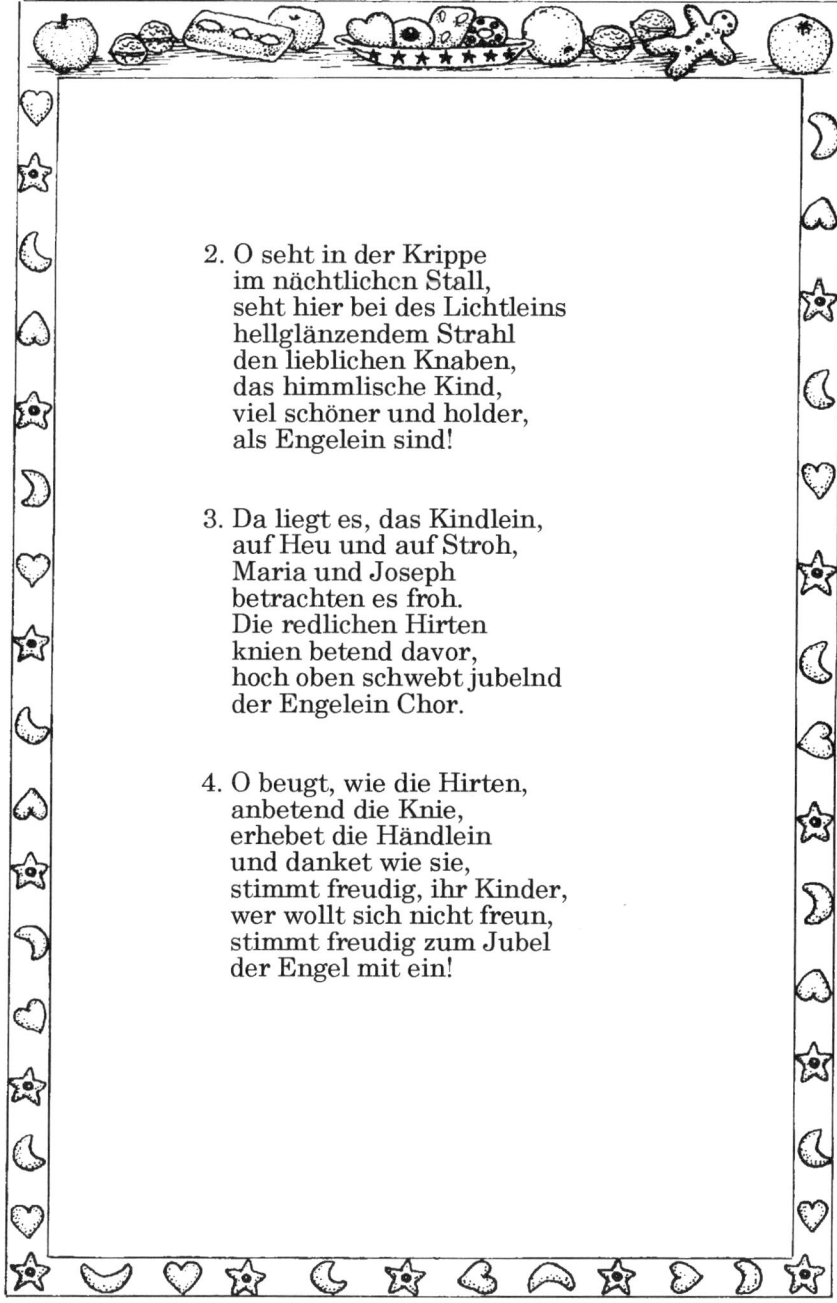

2. O seht in der Krippe
im nächtlichen Stall,
seht hier bei des Lichtleins
hellglänzendem Strahl
den lieblichen Knaben,
das himmlische Kind,
viel schöner und holder,
als Engelein sind!

3. Da liegt es, das Kindlein,
auf Heu und auf Stroh,
Maria und Joseph
betrachten es froh.
Die redlichen Hirten
knien betend davor,
hoch oben schwebt jubelnd
der Engelein Chor.

4. O beugt, wie die Hirten,
anbetend die Knie,
erhebet die Händlein
und danket wie sie,
stimmt freudig, ihr Kinder,
wer wollt sich nicht freun,
stimmt freudig zum Jubel
der Engel mit ein!

O Tannenbaum

1. O Tan-nen-baum, o Tan-nen-baum, wie grün sind dei - ne Blät - ter! Du grünst nicht nur zur Som-mers-zeit, nein auch im Win - ter, wenn es schneit. O Tan - nen-baum, o Tan - nen-baum, wie grün sind dei - ne Blät - ter.

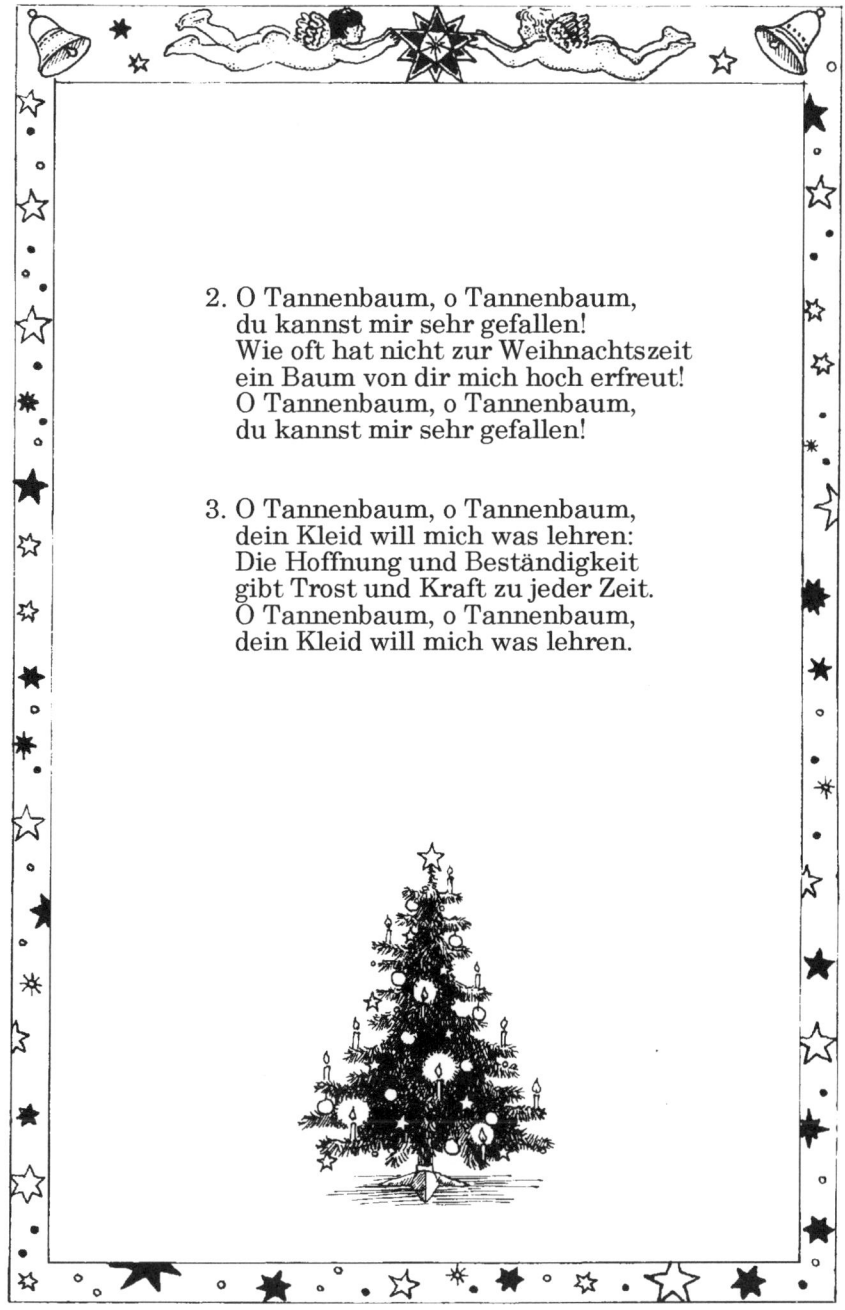

2. O Tannenbaum, o Tannenbaum,
   du kannst mir sehr gefallen!
   Wie oft hat nicht zur Weihnachtszeit
   ein Baum von dir mich hoch erfreut!
   O Tannenbaum, o Tannenbaum,
   du kannst mir sehr gefallen!

3. O Tannenbaum, o Tannenbaum,
   dein Kleid will mich was lehren:
   Die Hoffnung und Beständigkeit
   gibt Trost und Kraft zu jeder Zeit.
   O Tannenbaum, o Tannenbaum,
   dein Kleid will mich was lehren.

171

Süßer die Glocken nie klingen

1. Sü - ßer die Glok-ken nie klin - gen

als zu der Weih - nachts - zeit, —

grad als ob En - ge - lein sin - gen

wie - der von Frie-den und Freud, —

wie sie ge - sun-gen in se - li-ger Nacht,

wie sie ge - sun-gen in se - li-ger Nacht,

Glok - ken mit hei - li - gem Klang, —

klin - get die Er - de ent - lang!

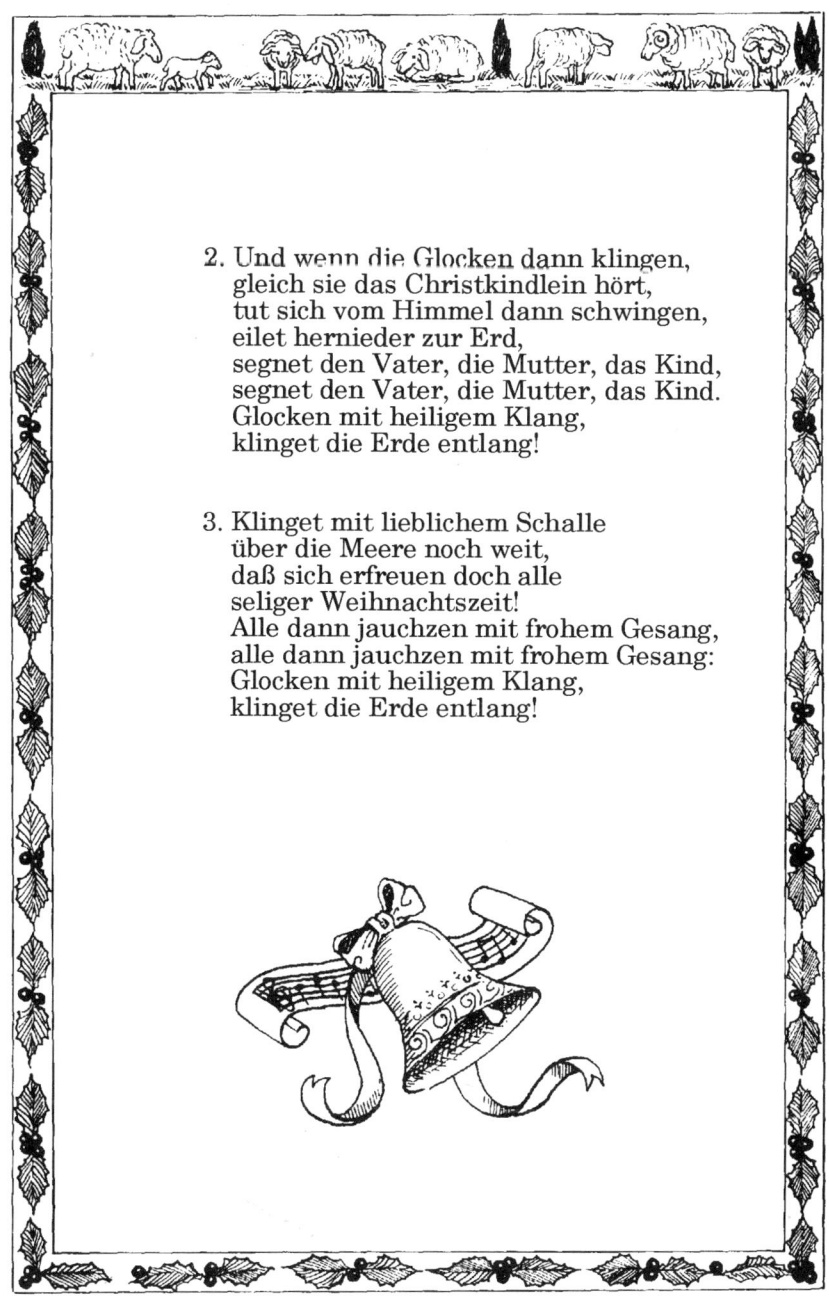

2. Und wenn die Glocken dann klingen,
   gleich sie das Christkindlein hört,
   tut sich vom Himmel dann schwingen,
   eilet hernieder zur Erd,
   segnet den Vater, die Mutter, das Kind,
   segnet den Vater, die Mutter, das Kind.
   Glocken mit heiligem Klang,
   klinget die Erde entlang!

3. Klinget mit lieblichem Schalle
   über die Meere noch weit,
   daß sich erfreuen doch alle
   seliger Weihnachtszeit!
   Alle dann jauchzen mit frohem Gesang,
   alle dann jauchzen mit frohem Gesang:
   Glocken mit heiligem Klang,
   klinget die Erde entlang!

Es ist ein Ros entsprungen

1. Es ist ein Ros ent - sprun - gen
aus ei - ner Wur - zel zart. Wie
uns die Al - ten sun - gen, von Jes - se
kam die Art. Und hat ein Blüm - lein
bracht, mit - ten im kal - ten Win - ter,
wohl zu der hal - ben Nacht.

2. Das Blümlein, das ich meine,
   davon Jesaia sagt,
   hat uns gebracht alleine
   Marie, die reine Magd.
   Aus Gottes ew'gem Rat
   hat sie ein Kind geboren
   wohl zu der halben Nacht.

3. Das Blümelein so kleine,
   das duftet uns so süß,
   mit seinem hellen Scheine,
   vertreibt's die Finsternis,
   wahr Mensch und wahrer Gott,
   hilf uns aus allem Leide,
   rettet von Sünd' und Tod.

Stille Nacht

1. Stil - le Nacht, hei - li-ge Nacht!

Al - les schläft, ein - sam wacht

nur das trau - te hoch - hei - li -ge Paar;

hol - der Kna - be im lo - cki-gen Haar,

schlaf in himm - li-scher Ruh,

schlaf in himm - li-scher Ruh!

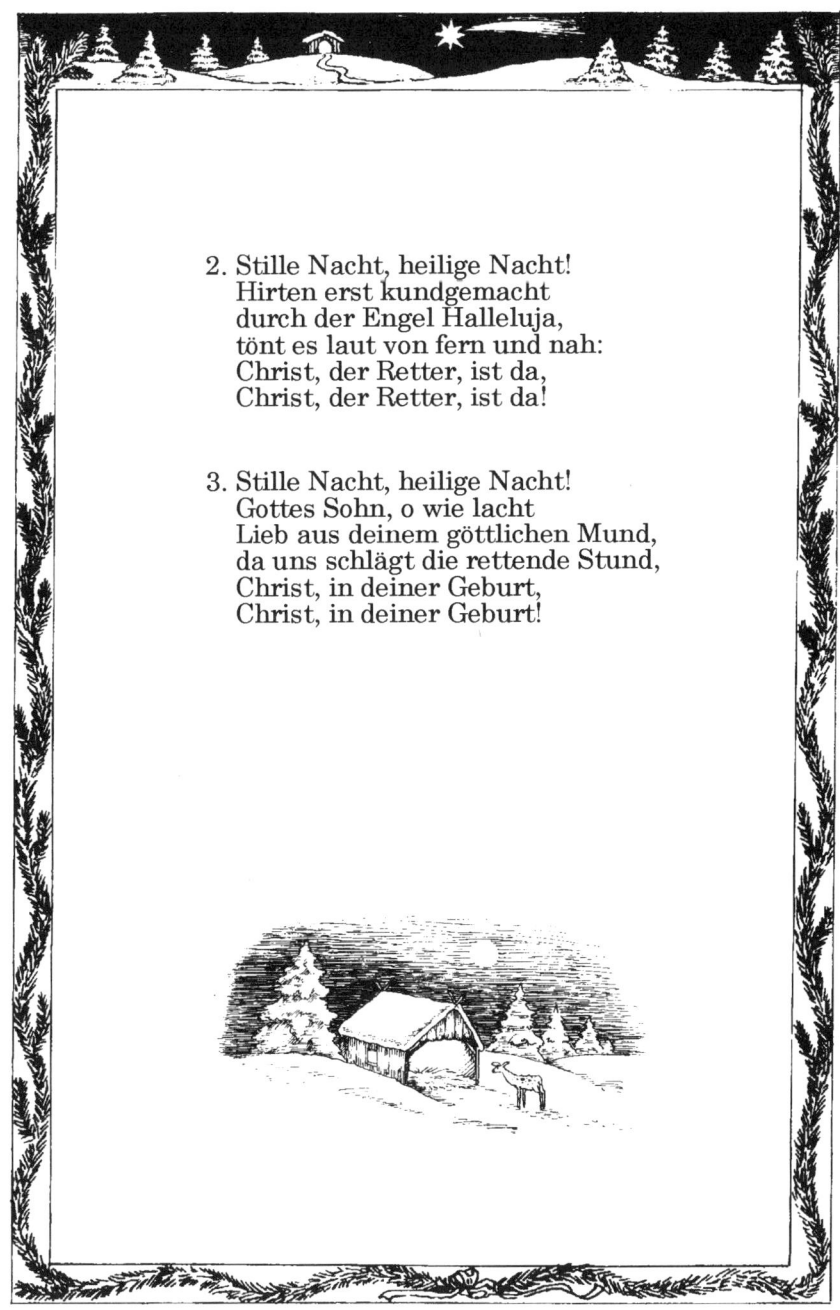

2. Stille Nacht, heilige Nacht!
Hirten erst kundgemacht
durch der Engel Halleluja,
tönt es laut von fern und nah:
Christ, der Retter, ist da,
Christ, der Retter, ist da!

3. Stille Nacht, heilige Nacht!
Gottes Sohn, o wie lacht
Lieb aus deinem göttlichen Mund,
da uns schlägt die rettende Stund,
Christ, in deiner Geburt,
Christ, in deiner Geburt!

Am Weihnachtsbaum
die Lichter brennen

1. Am Weih-nachts - baum___ die Lich - ter bren- nen,wie glänzt er fest - lich, lieb und mild, als spräch er: wollt___ in mir er - ken - nen ge-treu-er Hoff-nung stil-les Bild.

2. Die Kinder stehn mit hellen Blicken,
das Auge lacht, es lacht das Herz,
o fröhlich, seliges Entzücken,
die Alten schauen himmelwärts.

3. Zwei Engel sind hereingetreten,
kein Auge hat sie kommen sehn,
sie gehn zum Weihnachtsbaum und beten
und wenden wieder sich und gehn.

4. Kein Ohr hat ihren Spruch vernommen,
unsichtbar jedes Menschen Blick
sind sie gegangen, wie gekommen,
doch Gottes Segen bleibt zurück!

Vom Himmel hoch,
da komm ich her

C	G	D	G	C	F	G⁷

1. Vom Him - mel hoch, da komm ich

C		Am	C	G	Am	C	Dm	E	Am

her, ich bring euch gu - te, neu - e Mär, der

F	D	G	E	Am	D⁷	G	Am

gu - ten Mär bring ich so viel, da -

Em	F	C	A	Dm	G	C

von ich sing'n und sa - gen will.

180

2. Euch ist ein Kindlein heut geborn
   von einer Jungfrau auserkorn,
   ein Kindelein, so zart und fein,
   das soll eur Freud und Wonne sein.

3. Es ist der Herr Christ, unser Gott,
   der will euch führn aus aller Not,
   er will eur Heiland selber sein,
   von allen Sünden machen rein.

4. Lob, Ehr sei Gott im höchsten Thron,
   der uns schenkt' seinen einz'gen Sohn;
   des freuet sich der Engel Schar
   und singet uns solch neues Jahr!

Stille, stille,
kein Geräusch gemacht

1. Stil - le, stil - le, kein Ge - räusch ge - macht,

stil - le, stil - le, kein Ge - räusch ge - macht!

Christ - kind will zu euch her - ein,

a - ber ihr dürft nicht so schrein!

Stil - le, stil - le, kein Ge - räusch ge - macht!

2. Stille, stille, kein Geräusch gemacht,
   stille, stille, kein Geräusch gemacht!
   Christkind will zu euch herein,
   aber ihr müßt artig sein!
   Stille, stille, kein Geräusch gemacht!

Auf dem Berge,
da wehet der Wind

1. Auf dem Ber-ge, da we-het der Wind,— da

wiegt die Ma-ri-a ihr Kind,— sie

wiegt es mit ih-rer schnee-wei-ßen Hand, sie

hat— da-zu— kein Wie-gen-band. »Ach

Jo-seph, lie-ber Jo-seph mein, ach

hilf mir doch wie-gen mein Kin-de-lein!« »Wie

soll ich dir denn dein Kind-lein wieg'n? Ich

Fm   C

kann ja kaum sel‑ber die Fin ‑ ger bieg'n.«

F   C⁷   F

Auf dem Ber ‑ ge, da we ‑het der Wind,— da

C   C⁷   F

wiegt die Ma ‑ ri ‑ a ihr Kind,—

F   Dm   C⁷   F

Schum ‑ schei, schum ‑ schei.

Der Christbaum ist der schönste Baum

1. Der Christ-baum ist der schön-ste Baum,
den wir auf Er-den ken-nen. Im
Gar-ten klein, im eng-sten Raum, wie
lieb-lich blüht der Wun-der-baum, wenn
sei-ne Blüm-chen bren-nen, wenn
sei-ne Blüm-chen bren-nen, ja bren-nen.

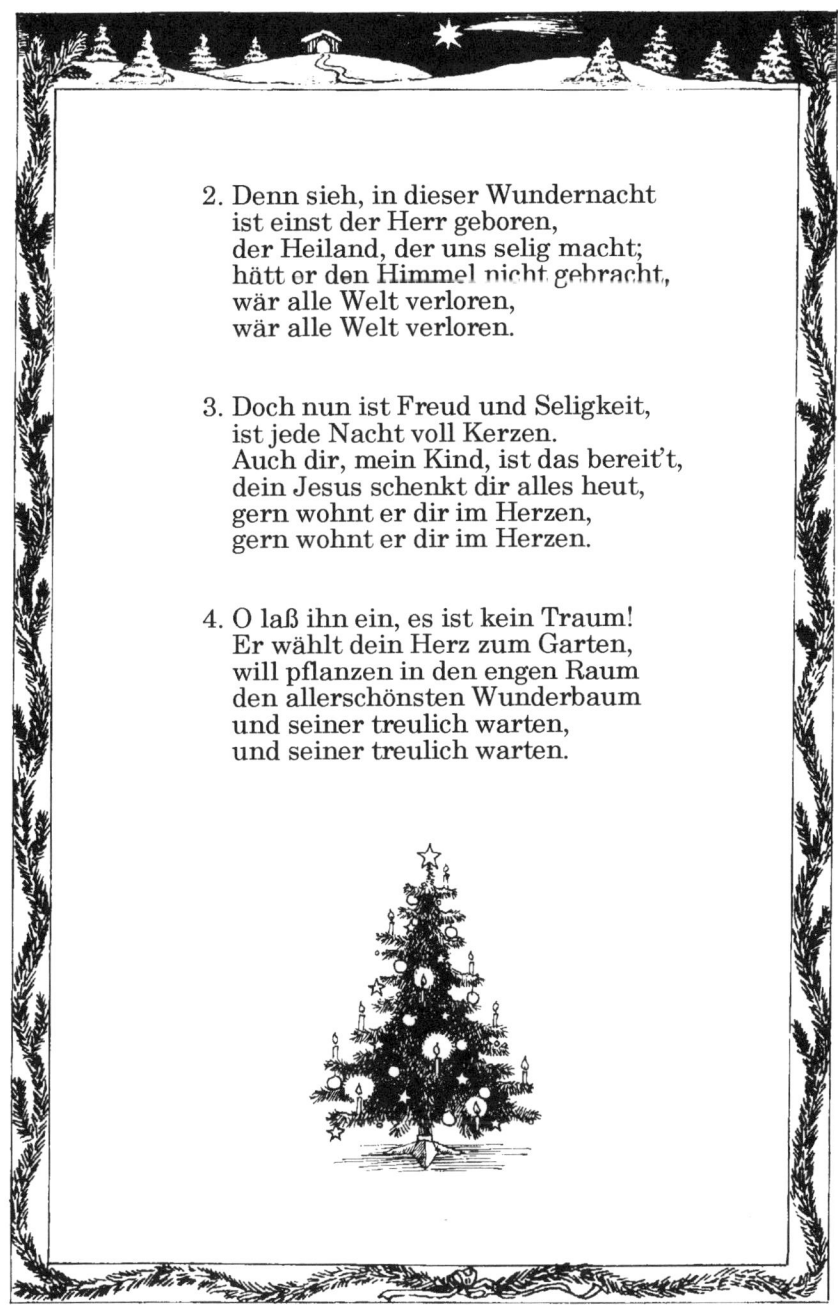

2. Denn sieh, in dieser Wundernacht
   ist einst der Herr geboren,
   der Heiland, der uns selig macht;
   hätt er den Himmel nicht gebracht,
   wär alle Welt verloren,
   wär alle Welt verloren.

3. Doch nun ist Freud und Seligkeit,
   ist jede Nacht voll Kerzen.
   Auch dir, mein Kind, ist das bereit't,
   dein Jesus schenkt dir alles heut,
   gern wohnt er dir im Herzen,
   gern wohnt er dir im Herzen.

4. O laß ihn ein, es ist kein Traum!
   Er wählt dein Herz zum Garten,
   will pflanzen in den engen Raum
   den allerschönsten Wunderbaum
   und seiner treulich warten,
   und seiner treulich warten.

Lieb Nachtigall, wach auf

2. Flieg her zum Kripplein klein,
flieg her gefiedert Schwesterlein,
laß tönen hold dein Schnäbelein,
sing, Nachtigall, gar fein!
Dem Kindelein fröhlich singe,
lieblich klinge, Flüglein schwinge,
sing, sing, sing, sing dem teuren Kindelein!

3. Sing, Nachtigall, ohn End,
zu vielen hunderttausendmal
das Kindlein lobe ohne Zahl,
ihm deine Liebe send!
Dem Heiland mein Ehr erweise,
lob und preise, laut und leise,
sing, sing, sing, sing dem Christuskindelein.

Was soll das bedeuten

1. Was soll das be - deu - ten? Es taget ja schon! Ich weiß wohl, es geht erst um Mit - ter - nacht rum. Schaut nur da - her! Schaut nur da - her! Wie glän - zen die Stern-lein, je län - ger, je mehr.

2. Treibt zusammen, treibt zusammen
   die Schäflein fürbaß.
   Treibt zusammen, treibt zusammen,
   dort zeig ich euch was.
   Dort in dem Stall, dort in dem Stall,
   werdet Wunderdinge sehen,
   treibt zusammen einmal.

3. Ich hab nur ein wenig
   von weitem geguckt,
   da hat mir mein Herz schon
   vor Freuden gehupft:
   ein schönes Kind, ein schönes Kind
   liegt dort in der Krippe bei Esel und Rind.

Leise rieselt der Schnee

1. Lei - se rie - selt der Schnee,

still und starr liegt der See,

weih-nacht - lich glän - zet der Wald,

freu - e dich, 's Christ-kind kommt bald!

2. 's Kindlein, göttlich und arm,
   macht die Herzen so warm,
   strahle, du Stern überm Wald,
   freue dich, 's Christkind kommt bald!

3. Bald ist heilige Nacht,
   Chor der Engel erwacht;
   horch nur, wie lieblich es schallt,
   freue dich, 's Christkind kommt bald!

Nun singet und seid froh

1. Nun sin - get und seid froh,———— jauchzt
al - le und sagt so:———— Uns - res
Her - zens Won - ne liegt in der Krip - pe
bloß———— und leuch - tet als die Son -
ne in sei - ner Mut - ter Schoß.————
Du bist A und O,————
du bist A und O.————

2. Sohn Gottes aus der Höh,
nach dir ist mir so weh.
Tröst mir mein Gemüte,
o Kindlein, zart und rein,
durch alle deine Güte,
o liebstes Jesulein!
Zieh mich hin, nach dir,
zieh mich hin, nach dir!

3. Groß ist des Vaters Huld:
der Sohn tilgt unsre Schuld.
Wir wärn all verdorben
durch Sünd und Eitelkeit,
so hat er uns erworben
die ewge Himmelsfreud.
Eia, wärn wir da,
eia, wärn wir da!

195

Kling, Glöckchen, kling

1. Kling, Glöck-chen, klin-ge-lin-ge-ling, kling, Glöck-chen, kling! Laßt mich ein, ihr Kin - der, ist so kalt der Win - ter, öff - net mir die Tü - ren, laßt mich nicht er - frie - ren! Kling, Glöck - chen klin-ge-lin-ge-ling, kling, Glöck-chen kling!

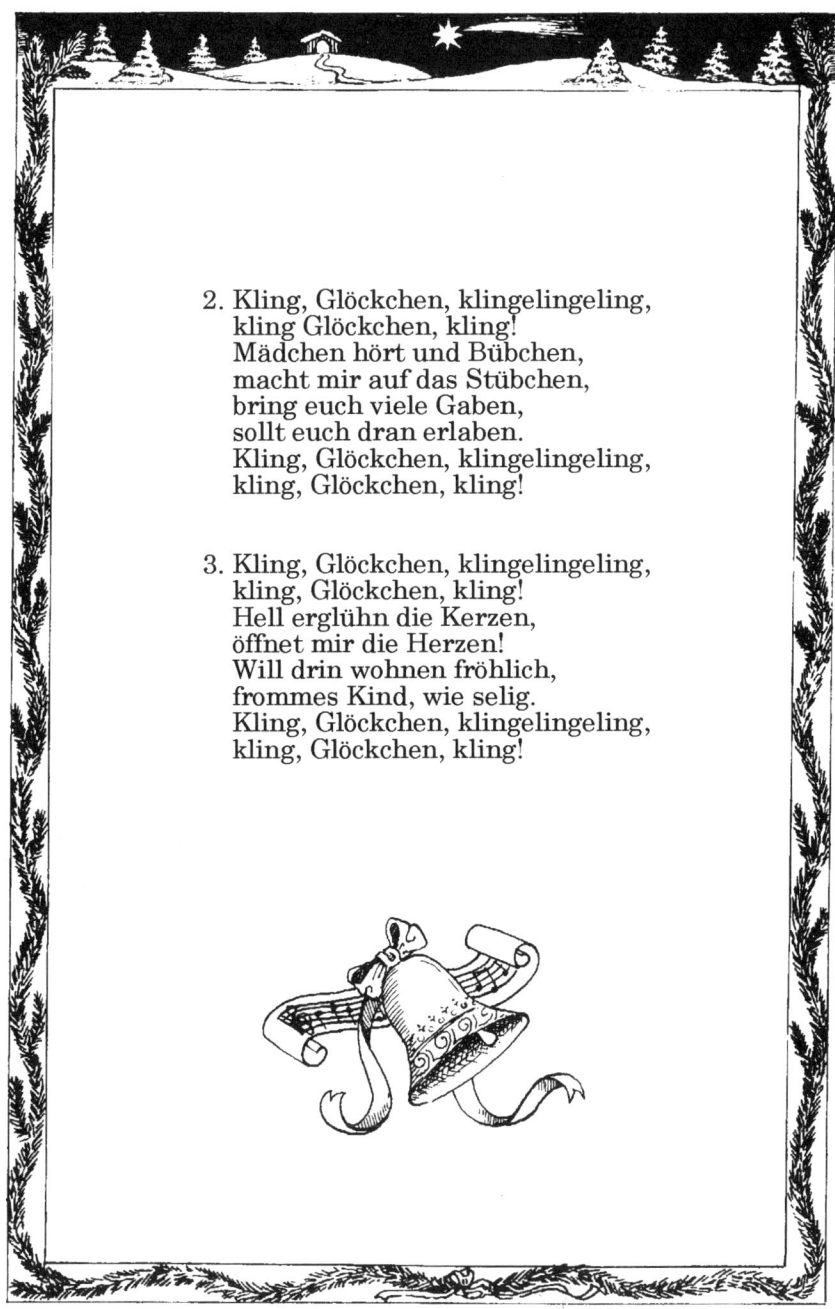

2. Kling, Glöckchen, klingelingeling,
   kling Glöckchen, kling!
   Mädchen hört und Bübchen,
   macht mir auf das Stübchen,
   bring euch viele Gaben,
   sollt euch dran erlaben.
   Kling, Glöckchen, klingelingeling,
   kling, Glöckchen, kling!

3. Kling, Glöckchen, klingelingeling,
   kling, Glöckchen, kling!
   Hell erglühn die Kerzen,
   öffnet mir die Herzen!
   Will drin wohnen fröhlich,
   frommes Kind, wie selig.
   Kling, Glöckchen, klingelingeling,
   kling, Glöckchen, kling!

Still, still, still

1. Still, still, still, weil's Kind-lein schla-fen will. Die Eng - lein tun schön ju - bi - lie - ren bei dem Kripp - lein mu - si - zie - ren. Still,— still,— still, weil's Kind - lein schla - fen will.

2. Schlaf, schlaf, schlaf,
   mein liebes Kindlein, schlaf.
   Maria will dich niedersingen,
   ihre keusche Brust darbringen.
   Schlaf, schlaf, schlaf,
   mein liebes Kindlein, schlaf.

Laßt uns das Kindlein wiegen

1. Laßt uns das Kind-lein wie - gen, das
Herz zum Kripp-lein bie - gen. Laßt
uns im Geist er - freu - en, das
Kind-lein be - ne - dei - en: O
Je - su-lein süß, o Je - su-lein süß.

2. Laßt uns dem Kindlein neigen,
   ihm Lieb und Dienst erzeigen!
   Laßt uns doch jubilieren
   und freudig triumphieren!
   O Jesulein süß, o Jesulein süß!

3. Laßt uns dem Kindlein singen,
   ihm unsre Opfer bringen,
   ihm alle Ehr' erweisen
   mit Loben und mit Preisen!
   O Jesulein süß, o Jesulein süß!

Joseph, lieber Joseph mein

1. Jo - seph, lie - ber Jo - seph mein,
hilf mir wie - gen mein Kin - de - lein!
Gott, der wird dein Loh - ner sein im
Him - mel - reich, der Jung - frau Sohn Ma -
ri - a. Er ist er - schie - nen am
heu - ti - gen Tag, am heu - ti - gen Tag in
Is - ra - el, der Ma - ri - en ver -

     C   **F**   **C**   **F**

kün - digt ist durch Ga bri - el.

    C   **F**   **Am Dm**   **B**   **F**

Ei - a,   ei - a!   Je - sum Christ hat

    Gm   **C⁷**   **F**

uns   ge - bor'n   Ma - ri - a.

2. Gerne, liebe Maria mein,
   helf ich wiegen dein Kindelein,
   Gott, der wird mein Lohner sein,
   im Himmelreich
   der Jungfrau Sohn Maria.
   Er ist erschienen am heutigen Tag,
   am heutigen Tag in Israel,
   der Marien verkündigt ist durch Gabriel.
   Eia, eia!
   Jesum Christ hat uns gebor'n Maria.

3. Süßer Jesu auserkor'n,
   weißt wohl, daß wir war'n verlor'n,
   still uns deines Vaters Zorn,
   dich hat gebor'n
   die reine Magd Maria.
   Er ist erschienen am heutigen Tag,
   am heutigen Tag in Israel,
   der Marien verkündigt ist durch Gabriel.
   Eia, eia!
   Jesum Christ hat uns gebor'n Maria.

Inmitten der Nacht

1. In - mit - ten der Nacht, als die
Hir - ten er - wacht, da— hör - te man
klin - gen und Glo - ri - a— sin - gen
die— himm - li - sche Schar, ja,—
ja, ge - bo - ren Gott war.

2. Die Hirten im Feld
   verließen ihr Zelt.
   Sie gingen mit Eilen,
   ganz ohne Verweilen
   dem Krippelein zu,
   ja, ja, der Hirt und der Bu.

3. Sie fanden geschwind
   das göttliche Kind.
   Es herzlich zu grüßen,
   es zärtlich zu küssen
   sie waren bedacht,
   ja, ja, die selbige Nacht.

4. Es lächelt sie an,
   so lieb, als es kann.
   Es will ihnen geben
   das himmlische Leben,
   die göttliche Gnad,
   ja, ja, und was es nur hat.

Kommet, ihr Hirten

1. Kom - met, ihr Hir - ten, ihr Män - ner und Frau'n, kom - met, das lieb - li - che Kind - lein zu schaun! Chri - stus, der Herr, ist heu - te ge - bo - ren, den Gott zum Hei - land euch hat er - ko - ren. Fürch - tet euch nicht!

2. Lasset uns sehen in Bethlehems Stall,
   was uns verheißen der himmlische Schall!
   Was wir dort finden, lasset uns künden,
   lasset uns preisen in frommen Weisen:
   Halleluja!

3. Wahrlich, die Engel verkündigen heut
   Bethlehems Hirtenvolk gar große Freud.
   Nun soll es werden Friede auf Erden,
   den Menschen allen ein Wohlgefallen!
   Ehre sei Gott!

Als ich bei meinen Schafen wacht

C · · · · Am G C
1. Als ich bei mei - nen Scha - fen wacht,

C · · · · F G C
ein En - gel mir die Bot-schaft bracht.

Am Em · F E Am Am G
Des bin ich froh, bin ich froh, froh, froh,

C Am G C Am E Am G
froh, froh, froh, froh! Be - ne - di - ca-mus Do - mi -

Am Am E Am G Am
- no. Be - ne-di - ca - mus Do - mi - no!

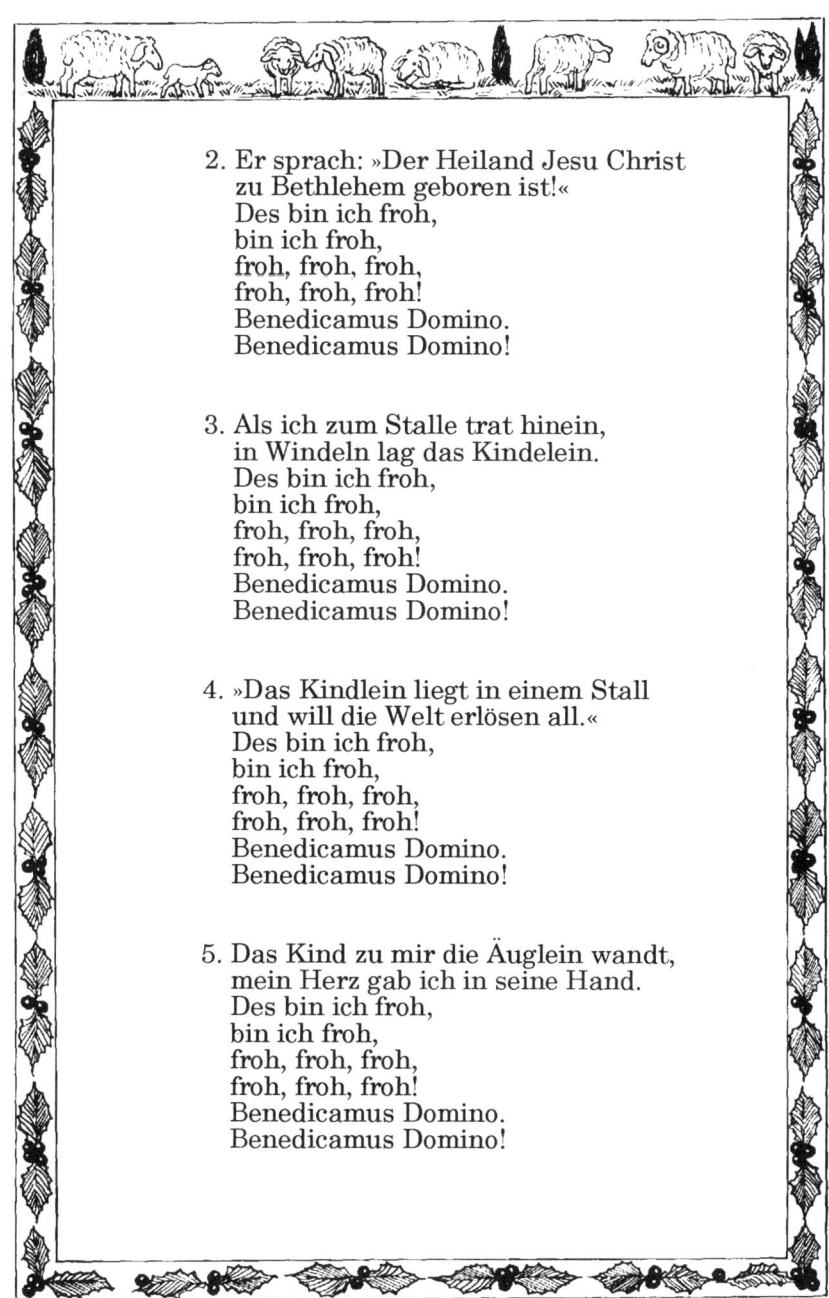

2. Er sprach: »Der Heiland Jesu Christ
zu Bethlehem geboren ist!«
Des bin ich froh,
bin ich froh,
froh, froh, froh,
froh, froh, froh!
Benedicamus Domino.
Benedicamus Domino!

3. Als ich zum Stalle trat hinein,
in Windeln lag das Kindelein.
Des bin ich froh,
bin ich froh,
froh, froh, froh,
froh, froh, froh!
Benedicamus Domino.
Benedicamus Domino!

4. »Das Kindlein liegt in einem Stall
und will die Welt erlösen all.«
Des bin ich froh,
bin ich froh,
froh, froh, froh,
froh, froh, froh!
Benedicamus Domino.
Benedicamus Domino!

5. Das Kind zu mir die Äuglein wandt,
mein Herz gab ich in seine Hand.
Des bin ich froh,
bin ich froh,
froh, froh, froh,
froh, froh, froh!
Benedicamus Domino.
Benedicamus Domino!

Vom Himmel hoch
ihr Englein kommt

1. Vom Him-mel hoch, ihr Eng-lein kommt,
ei - a, ei - a, su-sa-ni, su-sa-ni,
su - sa-ni. Kommt singt und klingt, kommt
pfeift und trombt, al - le - lu-ja, al-
- le - lu-ja, von Je - sus singt und Ma-ri - a.

2. Kommt ohne Instrumente nlt,
   eia, eia,
   susani, susani, susani.
   Bringt Lauten, Harfen, Geigen mit,
   alleluja, alleluja,
   von Jesus singt und Maria.

3. Laßt hören euer Stimmen viel,
   eia, eia,
   susani, susani, susani.
   Mit Orgel und mit Saitenspiel,
   alleluja, alleluja,
   von Jesus singt und Maria.

4. Singt Fried den Menschen weit und breit,
   eia, eia,
   susani, susani, susani.
   Gott Preis und Ehr in Ewigkeit,
   alleluja, alleluja,
   von Jesus singt und Maria.

Fröhliche Weihnacht überall

1. »Fröh - li - che Weih - nacht ü - ber - all!«
tö - net durch die Lüf - te fro - her Schall,
Weih - nachts - ton, Weih - nachts - baum,
Weih - nachts - duft in je - dem Raum!
»Fröh - li - che Weih - nacht ü - ber - all!«
tö - net durch die Lüf - te fro - her Schall,
Dar - um al - le stim - met

212

in den Jubel-ton,   denn es kommt das
Licht der Welt   von des Va-ters Thron.

2. »Fröhliche Weihnacht überall!«
   tönet durch die Lüfte froher Schall.
   Weihnachtston, Weihnachtsbaum,
   Weihnachtsduft in jedem Raum!
   »Fröhliche Weihnacht überall!«
   tönet durch die Lüfte froher Schall.
   Licht auf dunklem Wege,
   unser Licht bist du,
   denn du führst, die dir vertraun,
   ein zur sel'gen Ruh.

3. »Fröhliche Weihnacht überall!«
   tönet durch die Lüfte froher Schall.
   Weihnachtston, Weihnachtsbaum,
   Weihnachtsduft in jedem Raum!
   »Fröhliche Weihnacht überall!«
   tönet durch die Lüfte froher Schall.
   Was wir andern taten,
   sei getan für dich,
   daß bekennen jeder muß,
   Christkind kam für mich.

Fröhlich soll mein
Herze springen

1. Fröh - lich soll mein Her - ze sprin - gen die - ser Zeit, da vor Freud al - le En - gel sin - gen. Hört, hört, wie mit vol - len Chö - ren al - le Luft lau - te ruft: Chri-stus ist ge - bo - ren!

2. Nun er liegt in seiner Krippen,
   ruft zu sich mich und dich,
   spricht mit süßen Lippen:
   Lasset fahrn, o liebe Brüder,
   was euch quält;
   was euch fehlt, ich bring alles wieder.

3. Ei, so kommt und laßt uns laufen,
   stellt euch ein, groß und klein,
   eilt mit großen Haufen!
   Liebt den, der vor Liebe brennet;
   schaut den Stern, der euch gern
   Licht und Labsal gönnet.

4. Ich will dich mit Fleiß bewahren;
   ich will dir leben hier,
   dir will ich abfahren;
   mit dir will ich endlich schweben
   voller Freud
   ohne Zeit dort im andern Leben.

Zu Bethlehem geboren

1. Zu Beth - le-hem ge - bo - ren ist uns ein Kin - de - lein, das hab ich aus - er - ko - ren, sein ei - gen will ich sein, ei - a, ei - a, sein ei - gen will ich sein.

2. In seine Lieb versenken
will ich mich ganz hinab,
mein Herz will ich ihm schenken
und alles, was ich hab,
eia, eia, und alles was ich hab.

3. O Kindelein, von Herzen
will ich dich lieben sehr,
in Freuden und in Schmerzen,
je länger, mehr und mehr,
eia, eia, je länger, mehr und mehr.

Herbei, o ihr Gläubigen

1. Her - bei, o ihr Gläu - bi - gen fröh - lich tri - um - phie - rend, o kom - met, o kom - met nach Beth - le - - hem. Se - het das Kind - lein, uns zum Heil ge - bo - ren! O las - set uns an - - be - ten, o las - set uns an - be - ten, o las - set uns an - - be - ten den Kö - nig!

2. Du König der Ehren,
   Herrscher der Heerscharen,
   du rufst in
   der Krippen im Erdental,
   Gott, wahrer Gott,
   von Ewigkeit geboren!
   O lasset uns anbeten,
   o lasset uns anbeten,
   o lasset uns anbeten
   den König!

3. Kommt, singet dem Herren,
   singt, ihr Engelchöre,
   frohlocket,
   frohlocket, ihr Seligen:
   Ehre sei Gott
   im Himmel und auf Erden!
   O lasset uns anbeten,
   o lasset uns anbeten,
   o lasset uns anbeten
   den König!

Kindelein zart von guter Art

Kin - de - lein zart von gu - ter Art,

schlie - ße die Äug - lein, schla - fe!

Drau - ßen im Hain, lieb Kin - de - lein,

zie - hen die from - men Scha - fe.

Schla - fe und tu die Äug - lein zu,

schla - fe, mein Herz - chen, schla - fe!

Lobt Gott, ihr Christen,
alle gleich

1. Lobt Gott, ihr Chri-sten, al - le gleich in sei - nem höch - sten Thron, der heut schleußt auf sein Him - mel - reich und schenkt uns— sei - nen Sohn, und schenkt uns— sei - nen Sohn.

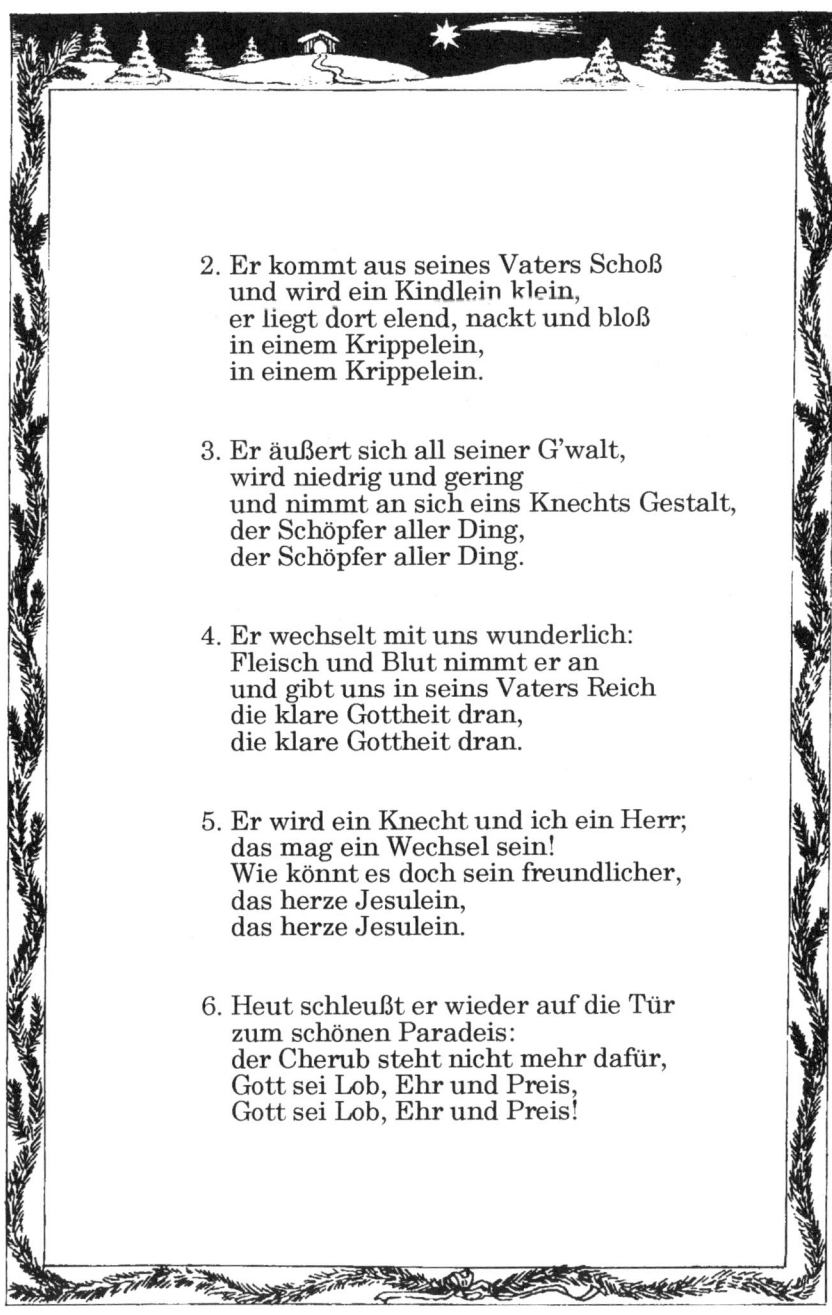

2. Er kommt aus seines Vaters Schoß
und wird ein Kindlein klein,
er liegt dort elend, nackt und bloß
in einem Krippelein,
in einem Krippelein.

3. Er äußert sich all seiner G'walt,
wird niedrig und gering
und nimmt an sich eins Knechts Gestalt,
der Schöpfer aller Ding,
der Schöpfer aller Ding.

4. Er wechselt mit uns wunderlich:
Fleisch und Blut nimmt er an
und gibt uns in seins Vaters Reich
die klare Gottheit dran,
die klare Gottheit dran.

5. Er wird ein Knecht und ich ein Herr;
das mag ein Wechsel sein!
Wie könnt es doch sein freundlicher,
das herze Jesulein,
das herze Jesulein.

6. Heut schleußt er wieder auf die Tür
zum schönen Paradeis:
der Cherub steht nicht mehr dafür,
Gott sei Lob, Ehr und Preis,
Gott sei Lob, Ehr und Preis!

Tochter Zion, freue dich

freu - e dich! Jauch - ze laut, Je - ru - sa - lem!

2. Hosianna, Davids Sohn,
   sei gesegnet deinem Volk!
   Gründe nun dein ew'ges Reich,
   Hosianna in der Höh!
   Hosianna, Davids Sohn,
   sei gesegnet deinem Volk!

3. Hosianna, Davids Sohn,
   sei gegrüßet, König mild!
   Ewig steht dein Friedensthron,
   du, des ew'gen Vaters Kind.
   Hosianna, Davids Sohn,
   sei gegrüßet, König mild!

Die Weihnachtsgeschichte
Die Bibel, Lukas-Evangelium

Es begab sich aber zu der Zeit, daß ein Gebot von dem Kaiser Augustus ausging, daß alle Welt geschätzt würde. Und diese Schätzung war die allererste und geschah zur Zeit, da Quirinius Statthalter in Syrien war. Und jedermann ging, daß er sich schätzen ließe, ein jeder in seine Stadt. Da machte sich auf auch Josef aus Galiläa, aus der Stadt Nazareth, in das jüdische Land zur Stadt Davids, die da heißt Bethlehem, weil er aus dem Hause und Geschlecht Davids war, damit er sich schätzen ließe mit Maria, seinem vertrauten Weibe; die war schwanger. Und als sie dort waren, kam die Zeit, daß sie gebären sollte. Und sie gebar ihren ersten Sohn und wickelte ihn in Windeln und legte ihn in eine Krippe; denn sie hatten sonst keinen Raum in der Herberge.

Und es waren Hirten in derselben Gegend auf dem Felde bei den Hürden, die hüteten des Nachts ihre Herde. Und der Engel des Herrn trat zu ihnen, und die Klarheit des Herrn leuchtete um sie; und sie fürchteten sich sehr. Und der Engel sprach zu ihnen: »Fürchtet euch nicht! Siehe, ich verkündige euch große Freude, die allem Volk widerfahren wird; denn euch ist heute der Heiland geboren, welcher ist Christus, der Herr, in der Stadt Davids. Und das habt zum Zeichen: Ihr werdet finden das Kind in Windeln gewickelt und in einer Krippe liegen.«

Und alsbald war da bei dem Engel die Menge der Heerscharen, die lobten Gott und sprachen: »Ehre sei

Gott in der Höhe und Friede auf Erden bei den Menschen seines Wohlgefallens.«

Und als die Engel von ihnen gen Himmel fuhren, sprachen die Hirten untereinander: »Laßt uns nun gehen nach Bethlehem und die Geschichte sehen, die da geschehen ist, die uns der Herr kundgetan hat.« Und sie kamen eilend und fanden beide, Maria und Josef, dazu das Kind in der Krippe liegen. Als sie es aber gesehen hatten, breiteten sie das Wort aus, das zu ihnen von diesem Kinde gesagt war. Und alle, vor die es kam, wunderten sich über das, was ihnen die Hirten gesagt hatten.

Maria aber behielt alle diese Worte und bewegte sie in ihrem Herzen. Und die Hirten kehrten wieder um, priesen und lobten Gott für alles, was sie gehört und gesehen hatten, wie denn zu ihnen gesagt war.

Quellenverzeichnis

Max Bollinger, *Eine Wintergeschichte* © by Nord-Süd Verlag, Gossau / Zürich 1993

Sarah Bosse, Schneeflockentanz / War das der Nikolaus? © by Arena Verlag, Würzburg 1997

Elke Bräunling, *Er war da* © bei der Autorin

Achim Bröger, *Hast du schon einen Baum gekauft?* aus: ders., »Schön, daß es dich gibt« © by Arena Verlag, Würzburg 1995

Agatha Christie, *Der kleine Weihnachtsesel* aus: Walter Rohrbach (Hrsg.), »Ochs und Esel an der Krippe. Die schönsten Weihnachtserzählungen von den Tieren in der heiligen Nacht« © by Verlags AG Die Arche, Zürich 1971

Josef Guggenmos, *Weihnacht* © beim Autor

Peter Hacks, *Nikolaus erzählt* © beim Autor

Franz Hohler, *Weihnachten – wie es wirklich war* © beim Autor

Rolf Krenzer, *Wann fängt Weihnachten an?* aus: ders., »Die schönsten Geschichten zur Advents- und Weihnachtszeit« © by Verlag Herder, Freiburg 1998[8]

James Krüss, *Das Feuer / Die Weihnachtsmaus / Tannengeflüster* aus: ders., »Der wohltemperierte Leierkasten« © by C. Bertelsmann Jugendbuchverlag, München 1961

James Krüss, *Weihnachtslied vom Eselchen / Ladislaus und Annabella* © Erbengemeinschaft James Krüss

Paul Maar, *Weihnachtsüberraschungen* © beim Autor

Herbert Paul, *Winterfreuden / Wer hat Angst vorm Nikolaus* © by Arena Verlag, Würzburg 1997

Otfried Preußler, *Die Krone des Mohrenkönigs* aus: ders., »Der Engel mit der Pudelmütze« © by K. Thienemanns Verlag, Stuttgart – Wien 1985

Margret Rettich, *Die Geschichte vom Weihnachtsbraten* aus: dies., »Wirklich wahre Weihnachtsgeschichten« © by Annette Betz im Verlag Carl Ueberreuter, Wien – München 1976

Gina Ruck-Pauquèt, *Traumbescherung* © bei der Autorin

Ursel Scheffler, *Vorweihnachtstrubel* aus: dies., »Adventskalendergeschichten« © by Verlag Herder, Freiburg 2000[8]

Regine Schindler, *Der Bub und die weisen Herren / Eine Spur im Sand* © bei der Autorin

Serbisches Volkslied aus: B. Weisgerber / H. Schmidt, »Weinheimer Lesebuch 2« © by Verlag Julius Beltz, Weinheim 1967

Betty Smith, *Weihnachtstannen in Williamsburg* aus: »Wie das Kamel seinen Buckel bekam. Vorlesegeschichten von Boccaccio bis Biermann« © by Verlag Neues Leben, Berlin 1991

Christel Süßmann, *Die traurige Geschichte vom Nikoläuschen* © bei der Autorin

Ingrid Uebe, *Vorschlag an den Nikolaus / Drei Könige ziehen vorbei* © by Arena Verlag, Würzburg 1997

Frederik Vahle, *Advent, Advent / Lied vom Christkind / Lied von den drei Königen* aus: ders., »Weihnachtsgrüße« © by Middelhauve Verlag, München 1986

Karl Heinrich Waggerl, *Worüber das Christkind lächeln musste* aus: ders., »Und es begab sich« © by Otto Müller Verlag, Salzburg 2000[50]

Ursula Wölfel, *Geboren ist das Kind zur Nacht* aus: »Wunder Welt, 4. Schuljahr« © by Cornelsen Verlag, Berlin 1968

Helmut Zöpfl, *Weihnachtswünsche* © beim Autor

Wir danken allen Lizenzgebern für die freundliche Zustimmung zum Abdruck der Gedichte und Geschichten. Sollten, trotz intensiver Nachforschungen des Verlages, Rechteinhaber nicht oder falsch ermittelt worden sein, so bitten wir diese, sich mit dem Verlag in Verbindung zu setzen.

Die schönsten Adventsgeschichten

**Kerstin Kipker
(Hrsg.)**

*Morgen, wenn
das Christkind
kommt*

Wie lange dauert es noch, bis endlich
Weihnachten ist? Die Geschenke
sind schon lange im Schrank versteckt,
der Tannenbaum ist geschmückt,
die Pfefferkuchen duften und auf dem
Christkindlmarkt ist eine wunderschöne
Krippe aufgebaut – da kommen Groß und Klein
aus dem Staunen nicht mehr heraus.
Aber erst, wenn das silberne Glöckchen kingelt,
dann war das Christkind wirklich da!
Die schönsten Adventsgeschichten erzählen –
mal heiter, mal besinnlich –
von der schönsten Zeit im Jahr.

80 Seiten.
Zahlreiche Illustrationen.

Arena

Weihnachtsgeschichten

**Katja Uebe
(Hrsg.)**

Lange leuchtet uns der Stern

Weihnachtsgeschichten
und -traditionen
aus 2000 Jahren

Alle Jahre wieder feiern wir Weihnachten:
Adventskalender, Christstollen und
Weihnachtskrippe gehören so selbstverständlich
dazu wie das Singen und Aufsagen von Liedern
und Gedichten. Diese Sammlung der schönsten
Geschichten, Gedichte und Weihnachtslieder
zaubert Weihnachtsstimmung in jedes Haus!
Die Herausgeberin und Autorin verrät außerdem, warum wir diese Tradition pflegen, woher
unsere Weihnachtsbräuche stammen
und wie unsere schönsten Weihnachtslieder
entstanden sind.
Ein Weihnachtsbuch für die ganze Familie!

144 Seiten.
Viele farbige Illustrationen.

Arena